Nigel Kennedy
Spielen ist alles

NIGEL KENNEDY

SPIELEN IST ALLES

Aus dem Englischen von
Ulrike und Manfred Halbe

VERLEGT BEI KINDLER

Titel der Originalausgabe: Always Playing
Originalverlag: Weidenfeld & Nicolson, London

Für ihre Mitarbeit danken die Übersetzer
und der Verlag Frau Dr. Brigitta Neumeister-Taroni

Die Deutsche Bibliothek – CIP-Einheitsaufnahme
Kennedy, Nigel:
Spielen ist alles / Nigel Kennedy. Aus dem Engl. von
Ulrike und Manfred Halbe. – München: Kindler, 1992
Einheitssacht.: Always playing >dt.<
ISBN 3-463-40181-9

Umschlaggestaltung: Graupner & Partner, München
Umschlagfoto: EMI/Steve Rapport
Satz: Compusatz, München
Druck und Aufbindung: Ebner Ulm
Printed in Germany
ISBN 3-463-40181-9

2 3 5 4 1

Dieses Buch ist meinen Freunden im Publikum
wie im Privatleben gewidmet, die mitgeholfen haben,
daß meine Karriere so aufregend geworden ist.

Nigel Kennedy

Inhalt

Vorwort

Ich bin eigentlich denkbar ungeeignet, diese Seiten zu schreiben
– allein der Entschluß, sein Manager zu werden, hat mich monatelang beschäftigt, was soll ich denn nun in diesem Vorwort
sagen! Es gibt Meister klassischer Musik, gefeierte Popstars, in
der Kulturszene Tätige, Familienangehörige, Freunde, die Nigel
Kennedy alle schon länger kennen als ich: ein ganzes Heer von
Bewunderern, die das Lob dieses außerordentlich begabten jungen Mannes nur zu gern anstimmen würden. Ich dagegen kenne
ihn noch nicht einmal ganze drei Jahre und konnte lange keinen
rechten Zugang zu ihm finden. Er ist so schwer einzuschätzen.
Einerseits gibt er sich sehr modisch, will von nichts und niemandem abhängig sein und widersetzt sich allen Konventionen, sieht
aus und hört sich an wie einer, von dem man hofft, daß ihn die
eigene Tochter nie mit nach Hause bringt. Und dann stellt man
andererseits fest, daß ultrakonventionelle Koryphäen klassischer
Musik nicht nur an seinen Darbietungen, sondern auch an seiner
Person ganz offenbar Gefallen finden. Auf eine einfache Formel
gebracht: Entweder man liebt Nigel oder man haßt ihn, überge-
hen kann man ihn jedenfalls schwerlich.

Indessen kenne ich ihn nun doch schon etwas länger als viele,
die ihn vielleicht erst durch seine Aufnahme von Vivaldis *Vier
Jahreszeiten* kennengelernt haben. Von dem Zeitpunkt an, als wir
diese Sache gemeinsam planten, habe ich mich mit Nigel praktisch täglich unterhalten. Ich zitterte mit ihm, teilte seinen Ehrgeiz und seine Triumphe. Nun gehört er zu meinem Leben – und
doch habe ich aus diesem Buch über ihn mehr erfahren als aus
dem täglichen Umgang, so befremdlich sich das auch anhören

mag. Seine Kleidung, sein Auftreten und seine leidenschaftlichen Gefühle sind sich in der Öffentlichkeit und in der Privatsphäre ganz und gar gleich, aber hinter der öffentlichen Person verbirgt sich ein sehr persönlicher, durch frühe Erfahrungen geprägter Mensch, an dem man Wesenszüge entdeckt, die man vor der Lektüre dieses Buches niemals vermutet hätte. Bisher konnte man diese Gefühlsfacetten nur über seine musikalischen Darbietungen wahrnehmen. Sie sind die Ursache dafür, daß Nigel stets aus dem vollen schöpfen kann, wenn ein Werk Freude oder Traurigkeit verlangt.

Nigels Kindheit war alles andere als durchschnittlich, und wie aus dem Buch zu ersehen ist, verschloß er seine Gefühle so gründlich, daß frustrierte Lehrer zum Schluß kamen, seine Gefühlswelt sei ganz im Winterschlaf versunken. Zu unserem Glück wurde er vom siebten Lebensjahr an darauf trainiert, in seinem Spiel auszudrücken, was er empfindet. Wenn er sich neue Werke vornimmt, löst er als erstes die vom Komponisten darin ausgedrückten Gefühle heraus und pirscht sich erst dann an das dunkle Revier seines eigenen Erlebens heran. Dadurch wird sein Spiel so eindringlich, daß niemand sich ihm entziehen kann. Vielleicht hält er das traditionelle Tempo nicht immer stur ein, doch er läßt stets Emotionen des Komponisten und des Interpreten spürbar werden. Wenn man also beim Hören über den Wolken schwebt, durchwirkt dieses Empfinden den Ausdruck. Bei der Melancholie geschieht das gleiche: Nigel ist darauf versessen, das Publikum in diese Stimmung zu versetzen. Beim Lesen dieses Manuskripts hat sich meine Meinung über diesen Mann in vielen Bereichen weitgehend geändert (und ich vermute, es wird vielen ebenso ergehen). Bis jetzt sind die unvermeidlichen Kritiker, die ständig an ihm herumgenörgelt haben, er müsse sein »Image« verändern, wenn er mehr Aufnahmen verkaufen wolle, nur höchst lästig gewesen. Mir sind an ihm keinerlei Veränderungen aufgefallen, und ich habe ihm auch dazu nicht geraten, seit wir uns vor der Vivaldi-Aufnahme zusammengetan haben. (Wie es vorher lief, war nicht meine Angelegenheit.) Seitdem ich nun sein Buch gelesen habe, verstehe ich manches viel besser: das Bestreben, auf der Suche nach Geborgenheit in unterschiedlichen Sphären der Musik heimisch zu werden; das Bedürfnis, irgendwo dazuzugehören, gemocht zu werden, und die Auswirkungen der Entfremdung vom normalen Familienleben schon in den ersten frühen Jahren. Natürlich kannte ich seine Vergangenheit bruchstückhaft, aber er hat nie so ausführlich darüber geredet, daß sich die Teile des Puzzles zusammengefügt und den turbulenten bisherigen Werdegang erhellt hätten. Es sieht aus, als hätte er erst lange Zeit über den Mut zusammennehmen müssen, um zu sich selbst zu kommen.

Er ist kein einfacher Mensch. Zwischen dem, was ihn interessiert, und dem, was ihn langweilt, liegen Welten. Seine Hingabe ist total und treibt ihn Tag und Nacht an, sich selbst und die Atmosphäre, in der die Musik sich entfalten kann, zu verbessern. Ich hatte das Glück, mit einer ganzen Reihe von international bekannten Persönlichkeiten zusammenzuarbeiten, aber Nigel würde unter denen, die von persönlichem Ehrgeiz getrieben sind, keineswegs vorne rangieren. Sein Antrieb und seine Energie können sich mit denen aller anderen messen, und wie er sich mit Hilfe der Medien zum Star aufbaut, ist in der Tat ungewöhnlich. Und doch rufen beiläufig hingeworfene Bemerkungen immer wieder klar in Erinnerung, daß er sich im Grunde auf einem Kreuzzug befindet. Seinem ausgesprochenen Desinteresse an Besitz und den üblichen Statussymbolen eines Stars zum Beispiel stehen fast zwanghaft eingehaltene Prinzipien in anderen Bereichen gegenüber. Vielleicht gefällt es ihm nicht, wenn ich in diesem Zusammenhang folgendes erwähne: Im vergangenen Jahr befaßte er sich zum ersten Mal in seinem Leben mit dem Gedanken, ein Haus zu kaufen. Innerhalb von drei Wochen war er in London, San Francisco und Neuseeland aufgetreten und in Australien und

11

dem Fernen Osten einem wahren Medienkrieg ausgesetzt gewesen. Trotz dieses ungeheuren Drucks und der Verlockung, bei seiner Rückkehr ein eigenes Haus zu besitzen, fühlte er sich verpflichtet, in einer Angelegenheit, die ihm falsch vorkam, persönlich Stellung zu beziehen. Ein Streitfall in England, der Einfluß auf den Kauf des Hauses hätte haben können, ließ sich nicht klären. Er rief mich deswegen aus seinem Hotel in Tokio an, um mir mitzuteilen, daß wir uns nicht beirren lassen sollten, selbst wenn der Kauf dadurch nicht zustande käme. Das ist für ihn typisch. Wenn er von etwas überzeugt ist, beharrt er unbeugsam darauf, und nichts vermag ihn davon abzubringen. Er ist der Ansicht, man habe die Musik in eine Art Zwangsjacke gesteckt, und er setzt alles daran, sie daraus zu befreien. Es ist kaum zu glauben, wie er es fertigbringt, das klassische Establishment vollkommen durcheinanderzuwirbeln und gleichzeitig als ein Teil davon zu funktionieren; er ist darin einzigartig. Es ist, als konzentriere sich seine unerschöpfliche Energie in erster Linie und vor allem auf die Musik und nicht auf seine Person.

Ich bin alles andere als ein Fußballfan, aber seit Nigel in mein Leben getreten ist, stelle ich gelegentlich zwischen meinem Lokalverein und dem von ihm so geliebten Verein Aston Villa zwanglos Vergleiche an. Ich empfehle allen, die nicht viel von Fußball halten und die ersten Kapitel des Buches gelesen haben, das Kapitel »Längst entschwundene Väter« ebenfalls zu lesen. Dort findet sich nicht nur ein lebendiger Bericht über die aufkeimende Liebe eines kleinen Jungen zu einem berühmten Klub. Nigel bringt es auch fertig, darin zugleich noch etwas anderes klarzumachen: daß es dabei um eine für ihn notwendige lebenslange Zugehörigkeit zu etwas Beständigem geht, zu Traditionen, zu einer Gruppe, die Sicherheit gewährt. Es macht viele Kennedy-Äußerungen und -Handlungen durch und durch verständlich. Meine Ansichten über seine Schwärmerei für den Sport und meine eigene Einstellung zum Sport haben sich dadurch verän-

12

dert. Ihm gelingt es so leicht, den Funken überspringen zu lassen; das müssen Tausende von jüngst zur Klassik Bekehrte wohl auch so empfunden haben. Ohne irgendwelche Allüren oder Zierereien kann er einen für das interessieren, was er liebt. Ob nun sein Klub in der Tabelle oben oder unten steht, berührt meine Welt nicht im mindesten, und dennoch ertappe ich mich dabei, daß ich mir das Torverhältnis auf dem Ceefax anschaue. Seine Gedanken wirken ansteckend und ziehen einen in seinen Bann. Ein Großteil der Fanpost zeigt Alt und Jung überrascht von ihrem neuen Interesse für klassische Musik. Es erscheint demgegenüber als geradezu widersinnig, daß Nigel nie Musikwettbewerbe beurteilen und auch keine Vorlesungen oder Predigten über Musik halten würde. Es liegt ihm gänzlich fern, anderen etwas aufdrängen zu wollen. Er möchte mit ihnen teilen. Er ist Liebhaber, nicht Lehrer der Musik.

Das Klischee von Solisten klassischer Musik zeigt lebensferne, kühle und reservierte Menschen, die unermüdlich aufs Podium steigen und sich zwischen den Demonstrationen ihres Könnens jeweils verbeugen. Nach der Vorstellung scheint sie nichts mehr auf der Bühne zu halten, sie scheinen keine Lust zu haben, weiterzuspielen. Mit einiger Sicherheit wartet vor dem Theater ein schwarzer Citroën abfahrbereit, um Herrn oder Frau Meister flugs dorthin zu bringen, wo klassische Musiker sich nach erfolgreichen Konzerten hinzubegeben pflegen. Nigel hingegen bekommt man von der Bühne kaum wieder herunter. Und wenn er schließlich sein entzücktes Publikum verläßt, gibt er umgehend eine Stunde lang Autogramme und unterhält sich mit den Leuten. Und was er da tut, tut er wirklich gern.

Ein vielleicht schon extremes Ereignis dieser Art fand vor nicht allzu langer Zeit statt, als wir allesamt in einem Studio im Londoner Westen eingesperrt waren, um Filmaufnahmen vom Brahms-Konzert zu machen. Diese großen, schuppenartigen Räume sind alles andere als prächtig oder auch nur bequem, und die Arbeit war sehr anstrengend. Der größte Teil der Aufnahmen mit dem Orchester war ein oder zwei Tage zuvor gemacht worden, und nun konzentrierte sich alles auf Nigel; er stand ganz allein vor den drei gewaltigen Projektionsleinwänden. Die Stunden vergingen wie im Flug. Immer wieder strömten Leute aus dem Dunkel der lagerhallenartigen Umgebung herein und sahen eine Weile zu. Tee und Sandwiches wurden auf Arbeitstischen abgestellt, die Zeit verflog. Das Brahms-Konzert gilt als ungemein schwierig, und in einer zeitgenössischen Kritik wurde geäußert, es sei im Grunde eher »gegen« als »für« eine Violine komponiert. Man kann sich also vorstellen, daß es eine echte Herausforderung ist, das Werk ohne Dirigenten und ohne begleitendes Orchester zu spielen. Dazu kam, daß es sich nicht um Video-, sondern um Filmaufnahmen handelte, bei denen das Wechseln der Filmrollen immer wieder zu Unterbrechungen führt. Man erwartet gemeinhin nicht gerade, daß ein Solist klassischer Musik unter solchen Bedingungen lange mitmacht. Nigel dagegen war fasziniert von den Lichtarrangements und den projizierten Bildern, davon, wie sie die Stimmungen untermalten, die er mit der Geige hervorzaubern berte. Schon recht spät in der Nacht standen zwei Leute vom Kamerateam, der Dirigent und ich in der Dunkelheit um Nigel herum. Ohne jeglichen Protest hatte er praktisch zehn Stunden lang ununterbrochen Brahms gespielt. Nun arbeiteten wir an einer langsamen Passage. Nigel wurde von einem einzigen Spot von oben beleuchtet. Die Lautsprecher erfüllten die Dunkelheit mit dem Klang der Londoner Philharmoniker, und Nigel setzte zum x-tenmal zu dieser Stelle des Konzertes an. Wir beobachteten, wie sofort wieder der erstaunliche, versunkene Ausdruck in seine Augen trat, und wir standen schweigend da, während die Kameras surrten. Nach einer Weile aber merkten wir, daß sich etwas veränderte: In Nigels Gesicht zeichnete sich deutlich ein zunehmendes Empfinden ab. Als die Musik zu Ende war, blieb es still im Raum, und wir vier standen bloß da, unsicher, wer zuerst etwas sagen sollte: Nigel war von der Musik, die er zehn Stunden lang gespielt hatte, so ergriffen, daß ihm Tränen in den Augen standen. Nach einem kurzen Augenblick der Verlegenheit gab es ein kleines Gerangel von Umarmungen und Schulterklopfen, dann wurden die Kameras erneut geladen. Nigel machte, beinahe entschuldigend, eine Bemerkung zu mir, das sei nun mal so, er könne nicht anders; da er nicht auf das Orchester in seinem Rücken hätte achten müssen, habe er sich in der Musik verloren. Solche Augenblicke, in denen sich Nigel so ungeschützt gibt, machen die Nähe zu ihm zu etwas Besonderem. Das Showgeschäft ist dann weit entfernt an einem anderen Ort, und seine Musik senkt sich einem in die Seele. Dieser Augenblick brachte direkt niemandem etwas ein, und doch waren wir alle von seinem Zauber gebannt. Nigel hat den Mut, bei jedem Auftritt seine Gefühle offen preiszugeben.

Nach der Lektüre dieses Buches wird ganz klar, welche inneren Kämpfe er zu bestehen hatte, um an diesen Punkt zu gelangen. Sein Leben erscheint nicht als eines, das er noch einmal erleben möchte, und doch sind es mit Sicherheit gerade diese Kämpfe, diese Qualen, die sein außerordentliches Talent geschaffen haben.

April 1991   *John Stanley*

Vorbemerkung

Ich hab' ja bisher noch nie ein Buch geschrieben, aber es kommt
mir so vor, als sitze bald jede Woche irgend so ein gefeierter
Möchtegern-Schriftsteller in einer Fernseh-Talk-Show: Man bemüht sich krampfhaft, möglichst cool auszusehen, so als würde
man den ganzen Tag nichts anderes tun, und mit gefurchter Stirn
von sich zu geben, was man selbst oder jemand anders für einen
in ein Buch gepackt hat. Ich les' eine ganze Menge – das ist eine
gute Ablenkung, besonders wenn man dauernd unterwegs ist –,
und ich muß zugeben, daß es ganz reizvoll ist, einen Blick in das
Leben andrer Leute zu tun. Das Problem dabei ist nur, daß man
nicht genau weiß, was man davon überhaupt glauben kann.
(Hand aufs Herz: Würdet ihr, wenn ihr ein Buch schreiben müß-
tet, euch etwa hinsetzen und ein geruhsames Leben in den Wind
schießen, indem ihr Dinge eingesteht, mit denen ihr über die Jahre hinweg ungeschoren über die Runden gekommen seid? Ich
schätze, die Witterung eines satten Schecks, wofür auch immer,
kann uns zu so was treiben; dabei kann das, was man schreibt,
Menschenleben und menschliche Beziehungen für immer verändern.) Soweit ich sehe, läuft die Sache in der Regel meist so, daß
man das Lesepublikum mit solchem Alltagskram wie »Ich wurde
geboren in...« zu Tode langweilt, diesen mit ein paar gepfefferten
Brocken würzt und danach nur noch gerade zu Signierstunden in
den Buchläden aufkreuzt.

Das vergangene Jahr hindurch haben mich mehrere Verlags-
leute zu überreden versucht, etwas zu schreiben. Ein paar wollten
so 'ne Art Musikführer, andre waren auf »ein Jahr in meinem
Leben« aus, und das Gros wollte schlicht eine Biographie. Na ja,

nun sitz' ich also hier an diesem runden Tisch in der Ecke fest und versuche mich im Schreiben. Der Grund? Natürlich helfen einem die Kröten weiter, die man dafür bekommt, aber bei diesem Auftrag hier wurde mir zudem wenigstens freigestellt, wie ich die Seiten fülle, und nicht vorgeschrieben, was ich zu tun hab'. Es besteht also die Hoffnung, daß es mir gelingt, meine eigenen Ansichten für euch zu Papier zu bringen, und daß ich keinen Scheiß verzapfen muß – mit solchem Zeug hab' ich mich sowieso noch nie lange abgegeben.

1
Vulkanische Zonen

An die eigene Kindheit heranzukommen ist eine ziemlich verzwickte Sache, und ich bin fast sicher, daß nur sehr wenige Leute wirklich etwas darüber erfahren wollen, aber von so einem Buch erwartet man einfach, daß es damit beginnt. Wer die BBC-Dokumentation *Coming Along Nicely* über mich im Fernsehen gesehen hat, weiß, daß diese Zeit für mich nicht gerade das reine Honiglecken war. Aber es bringt nichts, nur um Seiten zu füllen, in der Vergangenheit rumzuwühlen. Verschiedene Umstände damals und meine musikalische Begabung bescherten mir eine sehr unglückliche Zeit voller Einsamkeit, Wut und Opfer. Es war wirklich hart, aber wenn ich heute zurückblicke, wird mir klar, daß ich in dieser düsteren Zeit Erfahrungen sammelte, die ich erst mit über dreißig Jahren zu schätzen lernte.

Als ich in den letzten Monaten hin und her überlegt habe, was ich hier erzählen soll, bin ich doch zu dem Entschluß gekommen, mich noch ein wenig bei diesen frühen Jahren aufzuhalten. Aber nicht deshalb, um zu erzählen, wo meine Mum geboren ist und warum mein Dad ging, noch bevor ich auftauchte – nein, das ist alles biographischer Mist, und so weit bin ich auch noch nicht. Ich will viel lieber erklären, wie ich mich damals fühlte, schließlich will ich *mein* Buch schreiben.

Auch als »kleiner Mensch« bildet man sich schon eine Meinung. Nur bleibt man so lange auf seinen Ängsten und Emotionen sitzen, bis man groß genug ist, daß einem jemand zuhört. Meine Kindheit war ein einziges Warten auf jemanden, der zuhörte, auf ein Publikum. Dank der Musik ergibt sich für mich jetzt ein ganzer Haufen solcher Gelegenheiten, und wie's aussieht, offenbar auch noch die zu einem Buch! Das alles ist ein Schrei von weit her, aus einem Regency-Haus in Brighton, das durchaus nicht so großartig war, wie manche Leute, die jeden Menschen sofort in gesellschaftliche Kategorien einordnen, vielleicht denken.

Mein Vater verließ uns einige Monate vor meiner Geburt, und es dauerte eine geraume Weile, bis Mum wirklich wußte, daß ich in ihrem Bauch war. Da die Familie auseinander war, mieteten Mum und Granny die beiden obersten Etagen eines typisch britischen Hauses mit wohlproportionierten Zimmern und einem schmucken Balkon. Wir zahlten die Miete an einen Zahnarzt, der unten im Haus seine Patienten quälte. Er schloß jeden Abend die Tür seiner Praxis ab und ging nach Hause, so daß wir uns fühlten, als gehöre das ganze Haus uns. Es war eine tolle Wohnung, nicht sonderlich üppig eingerichtet, aber ein richtiges Zuhause an einem von diesen typisch englischen Plätzen, die man aus alten Schwarzweißfilmen kennt: mit einem unglaublich jung aussehenden Trevor Howard, der im hellen Sonnenlicht herumspaziert und von allen Seiten mit »Guten Morgen, Mr. Frobisher« begrüßt wird. Das Leben am Meer erzeugt ein ganz seltsames Lebensgefühl: die frische Seeluft, der strahlende Himmel, die Weite des Horizonts, der Geruch des Meeres. Wahrscheinlich war ich richtig glücklich, aber man empfindet so etwas zu diesem Zeitpunkt nicht. Ich war schlicht zufrieden.

Was unseren Familienalltag betrifft, mußte ich vor allem damit klarkommen, daß Mum und Granny häufig Klavierunterricht gaben. Da mein Vater nicht mehr da war, waren wir auf dieses relativ mickrige Einkommen angewiesen. Infolgedessen blieb ich mir allerdings sehr oft selbst überlassen, zwar nicht im strengen Sinne, aber doch angewiesen, mich allein zu beschäftigen und ruhig zu verhalten, während irgend jemand sich abstrampelte, um zum Beispiel mit einem Stück von Chopin ganz groß aufzutrumpfen. Manchmal war ich ganz allein auf der einen Etage, während auf der anderen der Klavierunterricht stattfand. Sehr oft saß ich während des Unterrichts bloß still unterm Klavier. Das war soweit in Ordnung, doch, wie man sich vorstellen kann, konnte ich mich unter solchen Umständen nicht ernsthaft auf irgendein Spiel konzentrieren, allein schon deswegen nicht, weil die Musik sich in meinem Kopf festsetzte und mich ganz gefangennahm.

Einmal passierte etwas Überraschendes: Eine Lady muß wohl Mitleid mit dem kleinen Kerl unterm Klavier gehabt haben, denn sie brachte mir eine riesige, cremefarben und rot gestrichene Garage als Geschenk mit. Viel später erst erfuhr ich, daß ihr Gärtner sie für mich gebastelt hatte. Merkwürdig, ich weiß noch genau, daß unsere Telefonnummer vorn auf dem Gebäude stand. Es war phantastisch, denn ich war ganz wild auf Dinky-Autos – eigentlich auf jedes x-beliebige Modell, vorausgesetzt, ich mußte es nicht selber basteln. Da fällt mir ein, daß ich auch mehrere Schlachtschiffe hatte, die ich auf einem gefährlichen Stück Plastikmeer Aufstellung nehmen ließ, und dann gab es auch noch Eisenbahnen. Sehr viel später bekam ich sogar elektrische, ja, kaum zu fassen, sogar elektrische Rennwagen. Aber ich erinnere mich am deutlichsten an meinen ersten Zug. Er war winzig, etwa so groß wie die deutschen Winzlinge von heute, aber meiner hatte überhaupt keine mechanischen Teile. Er war fast ganz silbrig, und außer ein paar Waggons gab es auch noch Schienen, die man ineinandersteckte. Meine Mutter hat mal erzählt, ich sei einmal, als sie zum Unterricht ging, gerade damit beschäftigt gewesen, ganz sorgfältig die einzelnen Schienenteile auf unserem Eßtisch zusammenzusetzen, und als sie zurückkam, sei ich immer noch in dasselbe Spiel vertieft gewesen. Es stimmt schon, so etwas wie Hektik gab es nie. Gute Spiele trugen einen weit über blaue Plastikozeane oder ließen einen durch Sperrholzlandschaften irgendwohin sausen. Was hätte man auch sonst tun sollen?

Alleinsein regt die Phantasie an. Ich stand nicht auf Soldaten oder ähnlichem, aber beim Zugspielen fehlten mir immer Figu-

23

ren. Vermutlich war ich nicht anders als andere kleine Jungen, denn ich träumte jahrelang davon, eines Tages Lokführer zu werden, aber nicht etwa von einem Job auf einer leisen Elektro- oder Diesellok, sondern ich träumte von einer echten Lokomotive, die dampft, pfeift und schnaubt. Ich spürte förmlich ihre Kraft, auch wenn ich nur meiner silbrigen Lok auf ihrem Weg zum Tischende hin zusah. Brachte man die Augen auf die Höhe der glänzenden Tischplatte, schien die Lok vorbeizuzischen, mit Waggons im Schlepp, die sich im Holz widerspiegelten. Ich war von diesen uralten Kinderträumen ganz gefangengenommen, wenn auch meine Angewohnheit, Stubenfliegen als Lokführer einzusetzen, vielleicht nicht ganz so üblich war. Um ganz ehrlich zu sein – in Büchern wie diesem wird das ja von einem erwartet –, das war noch nicht alles, denn ich rupfte ihnen die Flügel und auch die Beine aus – bis auf zwei, damit die Fliegen in den winzigen Lokführerstand paßten. Aber es hat ja wohl auch noch nie jemand behauptet, kleine Jungen seien Engel.

Spielkameraden hatte ich kaum, abgesehen von den drei Töchtern von Mums bester Freundin, die ganz in der Nähe wohnten. Meist spielte ich mit der, die Mary hieß. Heute wird mir klar, daß meine Mutter durch den Unterricht von ihren gesellschaftlichen Verpflichtungen ziemlich abgehalten wurde, aber sie hat außerdem wohl auch ein wenig darunter gelitten, daß wir eine Familie mit nur einem Elternteil waren (was zu der Zeit allerdings überhaupt kein Gesprächsthema war). Im allgemeinen blieben wir hübsch unter uns.

Meine Einschulung erschütterte dieses Gefüge. Warum wird man vor solchen Dingen bloß nicht vorgewarnt? Da verbringt man einen ganz normalen verschlafenen Sonntag mit Bratkartoffeln, Soße, einem Bad, und dann gerät am Montag die Welt plötzlich aus den Fugen und kommt niemals wieder ins Lot. Über Nacht treten Erwachsene in deine Welt, die nicht zur Familie gehören, und andere Kinder, die nicht sonderlich nett sind. Ich kam zuerst in eine Montessori-Schule in Brighton mit Namen »The Fold«*, die etwa fünfzig Kinder besuchten. Ich glaube, das war okay so – nicht wie zu Hause, aber interessant. Doch für ein Einzelkind, das die meiste Zeit mit sich allein verbracht hat, ist das plötzliche Zusammentreffen mit Dutzenden von Kindern und einer fremden Hausordnung dazu ein ziemlicher Schock. Mir blieb nichts anderes übrig, als alles systematisch durchzuprobieren, um herauszufinden, was erlaubt war und was nicht, was gut war und was schlecht. Ich weiß noch, daß ich einmal eine Flasche zerschlagen wollte. Es war an sich nichts Schlimmes, nur zerdepperte ich sie dummerweise auf dem Kopf eines Mitschülers. Ich wollte aber gar niemanden verletzen, ich wollte nur sehen, was passierte. Denn schließlich sah ich so was jede Woche in Comics. Es wurde mir nicht sonderlich hoch angerechnet, ich mußte in der Ecke stehen und anschließend zur Strafe ein Stachelschwein durchpausen. Ich erinnere mich daran, daß ich drei Wochen später mit dem Stachelschwein immer noch nicht fertig war, weil ich die Anweisung wörtlich genommen hatte und jeden Stachel einzeln übertrug. Wer weiß, was einem das über das Leben der Erwachsenen sagt; vielleicht haben die Lehrer daraus gelernt.

Ich will hier nicht den Eindruck erwecken, Mum habe sich immer nur mit ihren Schülerinnen und Schülern beschäftigt. Sie kümmerte sich schon sehr früh großartig um mich. Seit ich angefangen hatte, ein paar Töne auf dem Klavier zu klimpern und mich interessiert zu zeigen, unterrichtete sie mich jeden Morgen eine Viertelstunde lang, bevor ich zur Schule ging. Ich hielt in der einen Hand meinen Frühstückstoast, während ich mit der andren Fingerübungen machte. So was war bei uns ganz normal. Ein oder zwei Jahre später fand Mum jemanden in der Nähe, der mir Geigenunterricht gab. Dazu muß man wissen, daß mein Vater Cellist war (zuerst im Liverpool Philharmonic, später im Royal

* Pferch, Herde, Gemeinde (A.d.Ü.)

25

Philharmonic Orchestra), und mein Großvater und Granny ebenfalls Cello und auch Klavier spielten. Wahrscheinlich ist es in erster Linie Mums Verdienst, daß ich auf die musikalische Bahn geraten bin – danke, Mum! In der Schule und auch zu Hause muß ich am Anfang ständig den Eindruck erweckt haben, in Tagträume versunken zu sein – ein Häufchen, das still dasaß, allein, um ja niemandem zur Last zu fallen.

Aber während dieser ganzen Zeit, etwa bis ich mit sieben in die Yehudi-Menuhin-Schule eintrat, gab es immerhin noch Bertie. Er war fast immer so, wie ich gern gewesen wäre, er hatte sogar dunkles Haar (meins war damals noch ganz hell). Bertie schlich überall herum und traute sich alles, was ich gern gemacht hätte, wenn ich nur den Mut dazu gehabt hätte. Natürlich sprachen wir nur heimlich darüber, aber das machte die Sache ja gerade so interessant. Nur zweimal kam ich offen auf ihn zu sprechen, um schlimme Taten auf ihn abzuwälzen: einmal bei dem Vorfall mit der Flasche an der Montessori-Schule. Berties Namen in dem Zusammenhang zu erwähnen und ihn so zu beschuldigen, war schon ziemlich leichtsinnig, denn dadurch wurde seine Existenz andern erst bekannt, nun ja, zumindest meiner Mum. Er war einfach meine andre Hälfte, die nicht damit zufrieden war, unterm Klavier zu sitzen und zu warten, bis eine Stunde zu Ende war, und erst dann aktiv zu werden. Vielleicht gab es ihn nur in meiner Einbildung, aber für mich war er unglaublich real: er war wahrscheinlich der erste, der mir wirklich zuhörte und meine Gefühle verstehen konnte. Es ist schon seltsam – wenn du noch klein bist, stopfen die Erwachsenen dir den Kopf mit ihren Ansichten voll, und du träumst davon, erwachsen zu werden, damit die andern endlich mal deine Vorstellungen, deine Gedanken zur Kenntnis nehmen. Hat man es aber schließlich soweit gebracht, sind die meisten Menschen mit ihren eigenen, persönlichen Sorgen so beschäftigt, daß man rückblickend die Kindheit immer noch vorziehn würde. Ich habe schätzungsweise auf achtzig Prozent all

26

dessen, was die Schulen, darunter besonders die Menuhin-Schule, mir regulär beizubringen versuchten, abwehrend reagiert. Aber immerhin hat diese Reaktion dazu geführt, daß ich selbst Alternativen ausprobierte. Und es ist immer wieder ganz toll, wenn du merkst, daß deine Überlegungen funktionieren. Bertie sah das genau so. Seinen Namen hat er eigentlich von Mum, sie benutzte ihn allerdings in herabsetzender Weise. Aber ich dachte, okay, dann hat er eben was von einem Rebellen, das ist cool. So sah das also aus, ich lebte mit Mum und Granny zusammen, in einer tollen Wohnung, ein Einzelkind, ziemlich verwöhnt, mit einem musikalischen Familienhintergrund und viel zu oft allein. Das waren lange Phasen, in denen ich mir meine Phantasiewelt aufbaute. Ich hatte viel Zeit für Entdeckungen und zum Nachdenken.

Da gab es zum Beispiel dieses Fenster oben in der Wand meines Zimmers; es war ein Dachzimmer. Besonders aufregend fand ich, daß ich vom Bettgestell aus auf eine Art Fensterbank klettern und von dort aus, wenn ich mich etwas reckte, nicht nur auf Brighton, sondern auch aufs offene Meer hinausschauen konnte. Von dieser Aussicht war ich so fasziniert, daß ich mich nicht satt daran sehen konnte. Ich betrachtete die ständig wechselnden Farben und Stimmungen des Meeres, mit was für einer Leichtigkeit es sich ständig veränderte – wie selbstverständlich wir es als wütend und gefährlich hinnehmen, um bald darauf seine Wärme und Ruhe zu schätzen. Häufig folgte mein Blick einem der Boote hinaus aufs Meer – ein winziger Punkt. Stundenlang stieg ich rauf und wieder runter, um seine Position auszumachen, bis es schließlich nicht mehr zu sehen war.

Auch meine Stimmungen schwankten gewaltig: Familiäre Geborgenheit und intensive Beachtung wechselten mit Langeweile und Alleinsein. Ich glaube, daß meine gelegentlichen Wutanfälle instinktive Reaktionen auf die Monotonie des Alleinseins waren. Ich weiß noch, daß ich endlos im Wettstreit mit Gott eine Münze warf, bis ich gewonnen hatte. Wenn ich wütend auf ihn war, schlug ich mit meinen bloßen Fäusten in die Luft, und wenn es mir wirklich verzweifelt dreckig ging, kletterte ich auf eine Sessellehne und machte einen gewaltigen Satz, wobei ich mit den Fäusten in die Luft stieß, um ihn zu treffen, denn es hieß doch, er schaue von oben auf uns runter. Das hört sich ziemlich neurotisch an, aber damals war ich vielleicht vier oder fünf und Gott irgendwo da oben. Granny, die zwar ein ordentliches Mitglied der anglikanischen Kirche war, hatte irgendwie ein Faible für die römisch-katholische und predigte mir von Zeit zu Zeit, Gott sei überall. Ich hab' sie also lediglich beim Wort genommen – schließlich kann man sich auf Erwachsene ja wohl verlassen, oder etwa nicht?

Die Ereignisse, die auf diese frühen Jahre folgten, beschäftigen mich noch heute. Sie waren höchst traumatisch und bestimmten mein Leben nachhaltig. Es fielen Entscheidungen, von denen, jede für sich genommen, ganz verständlich ist, die zusammen jedoch einen so dunklen Schatten warfen, daß meine Seele – ich war sieben Jahre alt – sich in zwei Teile zerrissen fühlte. Der kindliche Teil, der auf die Pubertät zuschoß, schien nur künstlich am Leben erhalten zu werden – zwischen Bangen und Hoffen auf einen günstigeren Augenblick, um endlich wieder leben zu können. Der andere Teil, der überlebende, jener Lebenswille, der einen alle möglichen Verletzungen zu überstehen hilft, erhob sich wie ein Phönix aus der Asche. In kürzester Zeit legte ich mir den Mut und die Waffen eines Kriegers zu und ließ gleichzeitig die Kindheit hinter mir. In den sich überstürzenden Ereignissen der folgenden Monate blieb mir nur die Musik. Sie sollte meine Welt werden, mein Denken und meine Tage ausfüllen. Ja, sie erwies sich sogar als akzeptable Sprache, um den Ansturm meiner Gefühle auszudrücken. Ich brauchte nun nicht mehr vor Wut in die Luft zu schlagen oder im Sommer endlos aufs träge Meer zu starren, denn es gab immer wieder neue Musik zu entdecken, die ein

Ventil für die Gefühle war. (In zwei Kritiken über meine letzte Aufnahme von Vivaldis *Vier Jahreszeiten* stand, sie enthalte zu schnell oder zu langsam gespielte Passagen. Aber wenn dir eine Partitur in die Hände fällt, die die klirrende Winterkälte beschreibt, und du hast dich jahrelang mit deinen Gefühlen genauso intensiv beschäftigt wie mit der Entwicklung der Technik, dann versuchst du natürlich die Stimmung rauszuholen, die das Werk dir vermittelt.)

Dieser Gang der Ereignisse, dieser Umbruch, der alles von Grund auf veränderte, war teilweise vermutlich auch ein Ergebnis meiner musikalischen Entwicklung. Aber obwohl daran eigentlich nichts Besonderes war, begannen die Veränderungen mit dem Entschluß des Zahnarztes, das Haus zu verkaufen und wegzuziehen: Der Balkon, auf dem ich gespielt hatte, der Platz, die Fahrten mit dem Dreirad am Strand entlang, alles, was ich kannte, mußte nun von einem kleinen Reihenhaus in Hove ersetzt werden; es lag am Fußballplatz Hove Albion in der Nähe von Brighton.

Mum, die mich auf dem Klavier schon ziemlich weit gebracht hatte, hielt mich nun größeren Aufgaben für gewachsen. Unter anderem kam sie auf die Idee, mich auf die kurz vorher eröffnete Musikschule von Yehudi Menuhin zu schicken, die gerade neue Räume in Stoke d'Abernon bezogen hatte. Da Mum für mich schon einen Platz und ein Stipendium für die Arundel-Schule in der Nähe von Brighton zugesagt bekommen hatte, bestand eigentlich keine zwingende Notwendigkeit, woanders eine Zusage zu erhalten.

Ich spielte also im zarten Alter von sechs Jahren vor. Damals war die Schule noch in Kensington oder so; ich kann mich nur noch daran erinnern, daß das Zimmer den Charme eines viktorianischen Hotels zweiter Klasse ausstrahlte. Ich war noch zu jung, um mich deutlich daran erinnern zu können, aber insgesamt war es doch ein großer Tag. Schon ein Ausflug nach London war was Besonderes. Wir fuhren mit dem Zug, und das allein war schon spannend, und nach dem Vorspielen gingen wir in den Zoo: Es war phantastisch. Ich weiß nicht mehr genau, was ich gespielt habe, wahrscheinlich etwas von Thomas Arne. Das Vorspielen auf dem Klavier war wohl die Hauptsache, denn ich erinnere mich, daß ich vor vier Leuten spielte. Zuerst war da natürlich Yehudi Menuhin, dann Marcel Gazzelle (ein Klavierlehrer, der auf allen Platten mit dem jungen Menuhin zu hören ist), Peter Norris (ein weiterer wichtiger Lehrer) und Robert Masters (der erste Geiger in Menuhins Kammermusikorchester und damals wohl musikalischer Leiter der Schule). Nachdem ich meine Sachen auf dem Klavier und der Geige gespielt hatte, nahmen sie mich mit in ein anderes Zimmer, um meine Musikalität zu testen: Ein Typ spielte mir fünf Töne vor, die ich erkennen mußte. Es gab noch weitere Tests. Mir wurden zum Beispiel mehrere Töne vorgespielt, und ich mußte mir dazu eine andere Tonfolge einfallen lassen. Lauter solche Sachen, die mir keine Schwierigkeiten machten. Vermutlich bin ich wegen dieser Tests für das nächste Jahr in die Schule aufgenommen worden. Von meinem Klavierspiel mal ganz abgesehn, war ich mit Sicherheit kein guter Geiger.

Es war eine ziemlich teure Schule, aber Menuhin hatte Mum gleich gefragt, ob es irgendwelche finanziellen Probleme gebe. Mum sagte »ja«, und er versprach, eine Lösung zu finden. Leider geschah erst mal gar nichts, und erst einen Monat vor meinem Eintritt in die Schule kam die Sache ins Rollen. Nur war der Mann aber so vielbeschäftigt, einerseits mit der Schule und zum andern mit seinen zahlreichen Auftritten, daß, je näher der Termin heranrückte, Mum dauernd fragte: »Hat er denn nun einen Platz? Ist die Bezahlung gewährleistet?« In dieser Art etwa lief das ab. Es muß sie sehr beunruhigt haben, denn sie hatte zu diesem Zeitpunkt der andern Schule schon abgesagt. Schließlich »erfand« Menuhin, glaube ich, ein Stipendium zur Erinnerung an seine Eltern, das ich dann bekam. Erst jetzt war die Sache perfekt. Ich konnte im Winterhalbjahr anfangen.

Etwa zur gleichen Zeit wurde es zwischen einem Herrn namens Duncan und meiner Mutter allmählich ernst. Mit meinem Wechsel ins Internat entschloß sich Mum plötzlich, aus unserem neuen Heim aus- und nach Solihull zu Duncan zu ziehen. Kurze Zeit später waren sie verheiratet. Dadurch bekam ich einen neuen Dad und eine Stiefschwester. Sie hieß Joanna und war drei Jahre älter als ich. Drei Jahre später kam meine Halbschwester Elizabeth zur Welt. Ich nenne sie Purbur, weiß aber nicht, warum. Sie ist sehr praktisch veranlagt und pflichtbewußt – das genaue Gegenteil von mir! In diesem Sturm der Ereignisse kam ich in die fremde Umgebung eines Internats und verlor für immer das, was für mich mein Zuhause gewesen war. Außerdem mußte ich mitansehen, wie Mum immer mehr in Duncans Welt in Birmingham eintauchte, was ja ganz natürlich war. Zwar gab ich mir ehrlich Mühe, mit dieser Version der König-Marke-Geschichte in unserer Familie zurechtzukommen, doch brachten mich die Ereignisse um diese neue Erfahrung. Ich war, wie sich herausstellte, der Jüngste in der ganzen Schule und empfand den Anfang als besonders hart. Als Folge davon zog ich mich in mein Schneckenhaus zurück, was mir nur zu gut gelang. Der Schock war so gewaltig, daß sogar Bertie verschwand – er tauchte nie wieder auf.

Die Yehudi-Menuhin-Schule war eigentlich für Kinder und Jugendliche zwischen sieben und sechzehn gedacht. Da sie aber erst seit ein paar Jahren existierte, waren wir alle noch ziemlich jung. Natürlich ist der plötzliche Eintritt in ein Internat ein ziemlicher Schock, vor allem, wenn man bis dahin als Einzelkind verzogen wurde. Die wenigen Trophäen, die ich von zu Hause mitgebracht hatte, bekamen jedenfalls eine weit größere Bedeutung, als sie sie in Brighton je gehabt hatten. In erster Linie waren es zwei Koala-Bären und ein ausgestopftes Schnabeltier, die in meinem Bett im Schlafsaal warm zugedeckt lagen. Ich glaube, sie stammten aus Australien, von meinem Vater, der mich doch immerhin zweimal besucht hat: einmal bei meiner Geburt, um mich regelrecht zu begutachten, und dann noch mal, als ich fünf oder sechs war. Die weichen Spieltiere muß er beim ersten Mal mitgebracht haben; beim zweiten Besuch war es eine Eisenbahn. Wenn ich also abends in den Schlafsaal kam, warteten sie dort, was Heimeliges von zu Hause. Nur gab es ein Zuhause nicht mehr.

Diese ersten paar Jahre waren wirklich fürchterlich. An den Tagen vor dem Schulbeginn konnte man richtig spüren, wie im Innern das Entsetzen aufstieg. Stapel von Schulkleidung lagen plötzlich da, die Stunden verrannen, während die Angst wuchs, ob ich in diesem Schuljahr mit den anderen Kindern auskommen würde. Ich beobachtete durch das Fenster, wie die Kinder in ihre Schulen in Birmingham zurückkehrten, und sehnte mich danach, eines von ihnen zu sein. Der Tag der Abreise selber war grauenvoll. Wir fuhren gemeinsam den langen Weg zurück; alle fühlten sich niedergedrückt und unbehaglich. Mum machte ständig Versprechungen, um den Tag rumzukriegen. Wenn es mir wirklich nicht gefallen würde, sagte sie, könnte ich im nächsten Halbjahr aufhören. Ein andermal deutete sie an, sie werde kommen und an der Schule arbeiten. Solche Bemerkungen wurden zum Ritual, eine Art Scharadespiel, während ich Stufe um Stufe die Schule durchlief. Als wir kürzlich über diese Zeit sprachen, erinnerte mich Mum daran, daß sie sich für die endlose, langweilige Reise damals bei mir entschuldigt hatte. Offenbar hatte ich zur Antwort gegeben, das sei völlig belanglos, denn mir sei klar, daß ich mich an Langeweile würde gewöhnen müssen – für das Leben als Erwachsener.

Direkt nach unserer Ankunft und sobald der Abschied vorbei war, ging ich ins Fernsehzimmer und verbarg meinen Schmerz im Halbdunkel von *Danger Man* oder *The Avengers*. Nach einiger Zeit und nachdem wir uns mit mitgebrachten Süßigkeiten vollgestopft hatten, wurden die Feriengeschichten ausgepackt, und alles war okay, bis die bittere Realität uns spätestens im Schlafsaal wieder einholte.

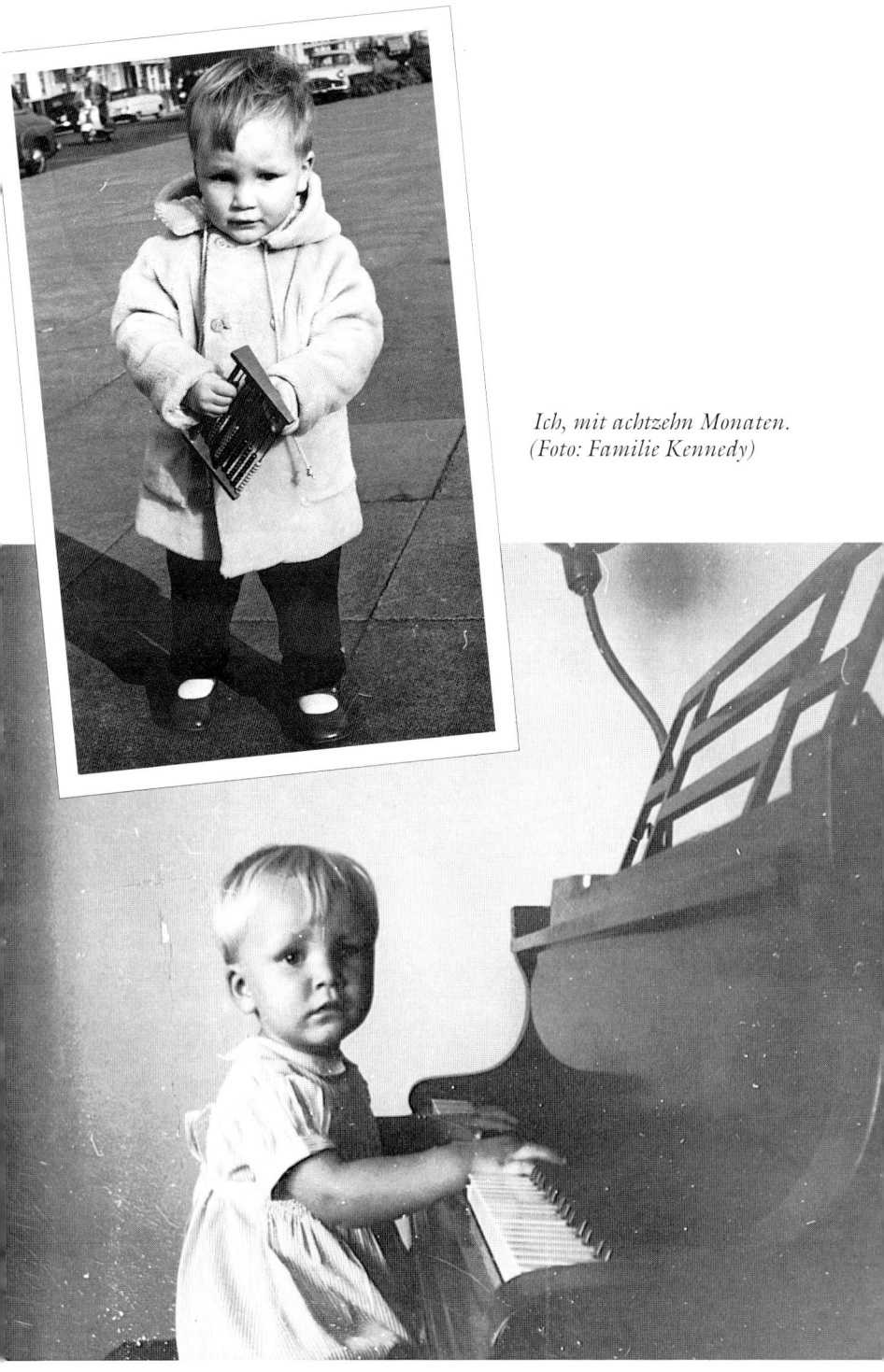

Ich, mit achtzehn Monaten.
(Foto: Familie Kennedy)

Mit zwei, an Mums Klavier. (Foto: Familie Kennedy)

Auf dem Balkon unserer Wohnung in Brighton. (Foto: Familie Kennedy)

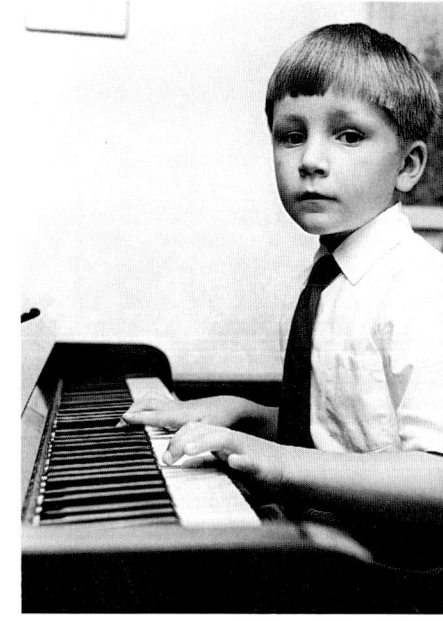

1964, nachdem ich das Menuhin-Stipendium erhalten hatte. (Foto: Familie Kennedy)

In Nadia Boulangers Klasse an der Menuhin-Schule. Ich war der Jüngste und die Lehrer glaubten, ich halte Winterschlaf. (Foto: Familie Kennedy)

*Mit
Sir Yehudi
Menuhin
und Robert
Masters, zwei
großartigen
Lehrern.
(Foto: Familie
Kennedy)*

*Mit acht Jahren.
Der Pfeife rauchende Mann
unten ist mein Stiefvater
Duncan. (Foto: Familie
Kennedy)*

Das Hochzeitsfoto: Mum und Duncan in der Mitte mit Granny, Duncans Schwestern und ihren Ehemännern sowie meine Stiefschwester Joanna. (Foto: Familie Kennedy)

General

DATE December 1964

The 'Benjamin' of our household: the youngest, and everybody's favourite. We try not to spoil him but it's a hard job.

Antony Brackenbury

YEHUDI MENUHIN SCHOOL

NAME Nigel Kennedy | SUBJECT General | DATE Spring 1967

He is still something of a dormouse and much of the time seems to be hibernating. I suppose this is another way of describing the 'latency' period when adults have to call on their reserves of patience.

A H Brackenbury

YEHUDI MENUHIN SCHOOL

NAME Nigel Kennedy | SUBJECT General | DATE Winter 69

He is at a transitional stage, & in fits & starts wants to begin growing up & to leave the small fry behind. He seems to get on well with everyone, myself included, but he is not sure enough of himself in some funny way to look me square in the eye.

A H Brackenbury

YEHUDI MENUHIN SCHOOL

NAME Nigel Kennedy | SUBJECT General | DATE Summer 71

His comfortable appearance conceals a good deal of volcanic matter but even after seven years he remains strangely uncommunicative. I think he finds it almost impossible to communicate himself with his own volcanic regions. ..... But I would like to be more in touch in case of need. A H Brackenbury

---

YEHUDI MENUHIN SCHOOL

NAME Nigel Kennedy | SUBJECT General | DATE Winter 72

Some diffidence & anxiety which we have seen in the past seems to be disappearing. Certainly he holds his own in 'A' and more than holds his own as a musician. His strongly individual personality is beginning to emerge.

Oben: Mit Stephane Grappelli, der meinen Vorstellungen von einem Idol am nächsten kommt. (Foto: Melbourne Lloyd)

Links: Ein paar Zeugnisse von der Menuhin-Schule. (Familie Kennedy)

CHARLESTON MANOR

Festival

JUNE 22-JULY 14, 1974

Charleston Manor, 1935   *by Sir Oswald Birley*

WEST DEAN   ·   SEAFORD
SUSSEX

SATURDAY, 22 JUNE   5.30 for 6.0

MELVYN TAN   NIGEL KENNEDY
Pupils of the Yehudi Menuhin School

Piano and Violin Recital

Nigel Kennedy, violin, is 17, his father a distinguished Australian 'cellist and his mother a pianist. He joined the school in 1964 as the first holder of the Menuhin Scholarship. Has played in chamber music groups at Gstaad and Windsor Festivals as well as in the USA. Hopes to continue his studies at Juilliard School in New York next year, and meantime been offered a scholarship to attend Tanglewood summer school in the USA. An enthusiast of football and jazz.

Melvyn Tan, piano, is 17. Chinese by birth, he came to the school in 1969 on the strength of a tape recording made in his home town of Singapore. Has appeared on numerous occasions both on his own and as an accompanist, and is hoping to continue his studies next year at the Royal College of Music. Enjoys ballet and is a great reader.

Tickets: £2.50, £1.75, 90p, 65p.

Separate tickets, £2.50, for supper in a basket and Charleston Cup suitable for a summer evening.

Bar.

In meinem letzten Jahr an der Menuhin-Schule spielten Melvyn Tan und ich beim Charleston Festival, das von der Hausherrin Lady Birley veranstaltet wurde. Ich weiß noch, daß ich an dem Tag Virginia Wade kennenlernte. (Foto: Eastbourne Gazette & Herald)

Das Schulhalbjahr schien jedesmal endlos, doch die Wochenenden waren hervorragend, denn da gab es nicht nur Freizeit, sondern auch viele Freundschaften, was ich mehr und mehr genoß. Ich erinnere mich noch genau, daß ich total verknallt war in eine rotblonde Rosemary, die etwa so alt war wie ich, aber mir irgendwie viel älter vorkam. Monatelang bestand für mich die Welt nur aus ihr, aber ich alberte viel zuviel herum, um ernsthaft was dafür zu unternehmen. Ich weiß noch, daß sie einmal auf einem Balkon und ich unten auf dem Rasen stand. Ich lief auf sie zu und rief: »Ich liebe dich, Rosie, ich liebe dich«, wie im Film, doch sie sah nur runter und meinte: »Wenn es dir damit ernst wäre, hätten wir ja was, worüber wir uns unterhalten könnten.« Ich wußte einfach nicht, was ich machen sollte. Wenn ich an diese Geschichte denke, fällt mir auch noch ein andres Mädchen ein; es hat gleich eine ganze Schar von uns in Atem gehalten. Im Unterschied zu einer gewöhnlichen Schule waren wir ja dort, weil unsere Familien und alle, die uns einmal in Musik unterrichtet hatten, uns für die Besten hielten. Talent und Neigung galten also irgendwie von vornherein als gegeben. Und deshalb ging nun in den Fluren das Gerücht um, dieses Mädchen, das wir für nicht sonderlich musikalisch hielten, sei eine vom Lehrkörper eingeschleuste Spionin. Na ja! Oder es handle sich um ein Experiment, mit dem man herausfinden wollte, ob man einem eher untalentierten Kind Musik beibringen könnte.

Im Unterschied zu den attraktiven Wochenenden waren die Wochentage ein regelrechter Kampf. Ich bin mir bewußt, daß meine introvertierte Art die Lehrer oft frustrierte. Vielleicht ist es langweilig, was ich jetzt sage, aber man bekommt wohl am ehesten einen Eindruck von der Situation, wenn man sie mit den Augen meines damaligen Direktors Anthony Brackenbury betrachtet. Sein Schulbericht begann: »Der ›Benjamin‹ in unserem Haus, der Jüngste und jedermanns Liebling. Wir geben uns Mühe, ihn nicht zu verderben, aber das ist ein hartes Stück Arbeit.«

Darauf folgte:»Er ist wie eine Schlafmaus, die einen Großteil der Zeit im Winterschlaf verbringt. Vermutlich ist das eine Variante der ›Latenzperiode‹, die Erwachsenen das Äußerste an Geduld abverlangt.« Weiter hieß es:»In diesem Halbjahr hat es Anzeichen dafür gegeben, daß er auf dem Weg ist. Doch werden wir uns weiterhin in Geduld üben müssen, solange die Gruppe der kleinen Jungen die barbarische Phase der Comics, der dummen Sprüche und der Zusammenrottung durchmacht. Gibt es auch Positives? Durch pure Beharrlichkeit hat er Fortschritte gemacht, seine Abschlußdarbietung ließ eine neue Vitalität erkennen.« Dann:»Geht der Weg denn ständig nur bergauf? Ich kann mir gut vorstellen, daß Nigel sich das fragt, während er sich abmüht. Mag sein, daß es so ist, doch hat er zumindest die befriedigende Gewißheit, daß er jedes Halbjahr weiterkommt, höher hinauf, und hoffentlich von dort eine bessere Aussicht hat.« Im Sommer 1967 bemerkte er:»Ich freue mich, daß er sich nach Kräften weniger kindischen Betätigungen widmet – Schwimmen zum Beispiel, Tennis und Springen. Anstatt sich einfach auf die Brust zu schlagen und Olé zu brüllen und sich alles Weitere in glühenden Farben nur vorzustellen, begreift er allmählich, daß er erwachsen werden und etwas tun kann. Hurra!«

Ende 1969 hieß es:»Er befindet sich in einer Übergangsphase, möchte anfallsweise erwachsen werden und den kleinen Jungen hinter sich lassen.« Im Herbst:»Nigel befindet sich auf der schwierigen Schwelle zum Erwachsensein; im einen Augenblick kindisch und leichtfertig, im nächsten ernsthaft und pflichtbewußt. Mitten in dem Durcheinander gibt es Anzeichen einer vielversprechenden Entwicklung.« Darauf folgte:»Nach außen sieht er aus, als fühle er sich wohl, aber er birgt in sich einen Vulkan; auch nach sieben Jahren ist er immer noch merkwürdig verschlossen. Meiner Ansicht nach ist ihm der Zugang zu diesen eigenen vulkanischen Zonen so gut wie versperrt… Mir wäre es lieber, er hätte mehr Verbindung dazu, wenn es nötig ist.«

Im Winter 1972 bemerkte er:»Das mangelnde Selbstvertrauen und die Zaghaftigkeit der vergangenen Jahre scheinen sich zu verflüchtigen. Er behauptet sich in der A-Klasse und erst recht als Musiker. Die Umrisse einer ausgeprägten Persönlichkeit zeichnen sich immer deutlicher ab.«

Klar, daß es hier nicht um das Musikstudium geht, sondern daß es sich um die persönlichen Kommentare des Schulleiters handelt. Ich hab' mich hinter dieser Parade von Meinungen versteckt und versucht, mir meine eigene zu bilden: Ich habe eine hervorragende Erziehung genossen. Doch erst nachdem ich den Schock durch den Verlust meines Zuhauses, die Wiederverheiratung meiner Mutter, das Auftauchen einer Stiefschwester und später auch noch einer Halbschwester überwunden hatte – wozu noch kam, daß ich mich in die neue Familie nicht richtig einordnen konnte –, ließ ich mich ganz auf die Musik ein. Wenn mich nicht alles täuscht, lockte mich diese Art Ausbildung von Anfang an, doch war ich seelisch so verletzt, daß ich das in den ersten Jahren nicht zulassen konnte. In meinem zehnten Lebensjahr lernte ich dann etwa zwanzig Prozent der Unterweisungen zu akzeptieren, während ich die restlichen achtzig Prozent noch immer zurückwies. In den ersten Jahren tat ich alles, was mir gesagt wurde, und machte überhaupt keine Fortschritte, und mit elf oder zwölf Jahren – ohne daß ich das damals bewußt einschätzen konnte – fing ich an, eigenständig zu handeln. Wenn mir ein Lehrer sagte, ich solle etwas so spielen, spielte ich es auch so. Ja, ich spielte es so am Tag, machte es dann aber abends vor ein paar Leuten, die zuhörten, vollkommen anders. Das war deswegen so reizvoll, weil es allen, einschließlich mir selber, zu gefallen schien, wenn ich meine eigenen Gefühle, statt die von der Schule vorgegebenen musikalisch umsetzte. In diesem Zusammenhang fällt mir eine total disziplinbesessene Lehrerin ein, die darauf bestand, daß man nur in Jackett und Krawatte auftreten könne. Sie stand immer hinter der Bühne, um den Sitz der Krawatte und des Jacketts zu kontrollieren; erst dann schickte sie uns durch die Tür auf die Bühne. Ich haßte das und fühlte mich jeweils furchtbar unbehaglich. Deswegen wartete ich so lange, bis die Tür wieder zu war, legte die Geige aus der Hand, zog das Jackett aus und lockerte die Krawatte. Dann konzentrierte ich mich aufs Spielen. Das Publikum hielt das für einen Aufstand, aber ich konnte befreit spielen. Nachdem ich den Applaus entgegengenommen hatte, schlüpfte ich wieder in das Jackett, zog die Krawatte fest und ging durch die Tür an ihr vorbei. Vermutlich kam es ihr seltsam vor, daß ich das Publikum so lange applaudieren ließ, bevor ich endlich zu spielen anfing; sie hat erst nach dem fünften oder sechsten Konzert bemerkt, was da vor sich ging. War ich erst mal auf der Bühne, konnte sie natürlich nicht mehr einschreiten, denn da war ich mit Leuten zusammen, die mein Verhalten verstanden, dem Publikum.

Als hätte die Fremdbestimmung durch das Leben in der Schule noch nicht gereicht, nahm sich meiner auch noch dieses Fernsehteam von der BBC an, das für mich, seit ich vierzehn Jahre alt war, sehr viel Interesse zeigte, zuerst an der Menuhin- und später an der Juilliard-Schule in New York. So sehr ich auch ständig versuchte, mich zu verstecken, offenbar war etwas andres für mich vorgesehen.

Dieses Buch soll nun aber kein langatmiger, detaillierter Bericht über meine Vergangenheit werden. Ich habe nur versucht, ein Bild von den wichtigsten Ereignissen zu geben, die meine Schulzeit bestimmt haben, damit man vielleicht versteht, warum ich mich mehr auf meine eigenen Gefühle und Ansichten verlasse als auf die von konventionellen Institutionen – Familie oder Schule. Der Zerfall meiner Familie und meine Außenseiterrolle bei ihrer Wiedergeburt haben mich mißtrauisch gemacht; ich verlasse mich lieber auf mich selbst. Außerdem versetzte die Abgehobenheit der Menuhin-Schule mich anfangs in eine Leere, die, je mehr ich sie mit meinen eigenen Vorstellungen füllte, die Intensität meiner eigenen Überzeugungen steigerte. Ohne einen konventionellen Stundenplan als Sieben- oder Achtjähriger drei Stunden lang allein in einem Raum üben zu müssen ist genau der richtige Brutkasten für Zweifel und Träumereien.

Als wir uns durch die Phase schleppten, in der das Üben wie ein sich ewig hinziehendes Abmühen um technische Perfektion erschien, entdeckte ich, wie aufregend der Jazz ist. Nachts hörte ich heimlich im Bett an einem Transistorradio Jazzmusik. Die ganze Erregung der großen Jazzmusiker, die Spaß an ihrer Musik hatten, vibrierte durch den Äther; es war ein scharfer Kontrast zur Starrheit und Anonymität, die ich in der Schule erlebte. Weil ich mir oft solche Sachen anhörte, wachte ich morgens viel später als die andern auf und war den ganzen Vormittag ziemlich gerädert. Ich holte mir den fehlenden Schlaf, indem ich, den Kopf auf die Hände gestützt, vor mich hin träumte. In den theoretischen Fächern kam ich damit natürlich nicht durch, aber bei dem musikalischen Kram, bei dem wir oft alle herumsaßen und uns irgendeine Kadenz anhörten, konnte ich ein bißchen dösen. Ich saß neben einem Freund, der mich anstieß, wenn es so aussah, als müßte ich mich zu irgendwas äußern.

Dieses Interesse an einem breiteren Spektrum von Musik nahm immer ernsthaftere Formen an. Ich überredete ein oder zwei Mitschüler, mit mir zusammen Jazz zu spielen, und ich schätze, Menuhin war darüber im Bilde. Er stand auf gutem Fuß mit Stephane Grappelli und hat bestimmt einen Tip bekommen, denn als der mal an der Schule spielte, wurde mir mitgeteilt, er werde vielleicht ein paar von uns auf die Bühne bitten; und Peter Norris (der musikalische Leiter der Schule) hatte mir extra gesagt, ich solle für alle Fälle meine Geige mitbringen. Da oben neben ihm auf der Bühne zu stehn war hundertprozentig Spitze und wurde dadurch sogar noch gesteigert, daß ich so was in der Schule spielte. Wenn ich an diese Zeit zurückdenke, kommt es mir wie ein Wunder vor, daß zwischen der neu entflammten Leidenschaft, in Sachen Jazz kreativ zu werden, und meiner bereits vorhandenen Begeisterung für die Fußballmannschaft Aston Villa mein Interesse für klassische Musik nicht total aufgerieben wurde. Ich war jedoch ein lebendiges Beispiel dafür, daß einem eine breite Palette von Erfahrungen (im Gegensatz zur Spezialisierung) musikalisch zugute kommen kann, denn zu dieser Zeit habe ich wahrscheinlich die rasantesten Fortschritte von allen an der Schule gemacht und damit das schleppende Vorankommen in der ersten Zeit wettgemacht. Ironischerweise gründet sich auch das Interesse des BBC-Teams zum Teil auf den Jazz: Paddy Foy, der die Fernsehserie *Gala Performance* machte, hatte mich in der Schule spielen gehört und zu einem Auftritt eingeladen. Ich weiß noch, daß ich eigens in einem Wagen zum Studio gefahren wurde, um dort den langsamen Satz des Konzertes von Bruch zu spielen. Hinter der Bühne machte ich nachdrücklich geltend, spätestens um zehn müsse ich wieder weg – nicht etwa, weil ich dann wieder in der Schule sein müsse, sondern weil Dizzy Gillespie in London auftrete. Das ließ sie aufhorchen, und damit fing alles an.

Mit Sechzehn ging ich, gleich nach Verlassen der Menuhin-Schule, an die Tanglewood-Sommerschule in die Vereinigten Staaten und anschließend an die berühmte Juilliard School of Music in New York. Dieser Wechsel brachte mich nicht nur in eine viel strenger klassisch ausgerichtete Lernsituation, sondern führte mich auch direkt an die Schwelle zur florierenden New Yorker Jazzgemeinde. Was da bei einigen Klubs an Schwung herauskam, war herrlich. Die Freiheit der Musiker, ihr Spiel zu genießen und sich selbst auszudrücken, war einfach phantastisch. All diese so unterschiedlichen Leute waren eng miteinander befreundet, verbunden durch ihre Liebe zu guter Musik. Man fühlte sich in eine magische Welt versetzt, die eigene Begrüßungszeremonien und Kennworte hatte. Man kann sich vorstellen, wie verführerisch das für jemanden war, der von Kindesbeinen an fast völlig an die Konventionen der klassischen Musik gefesselt war. Ich muß immer wieder grinsen, wenn jemand von der Presse oder sonstwoher behauptet, ich sei auf einen »Kennedy-Jargon« eingeschworen, der nur dazu da sei, den Absatz meiner *Vier Jahreszeiten* zu steigern. Würden sie sich die Mühe machen, die Bänder früherer Sendungen durchzugehen, bekämen sie schnell raus, daß ich mich immer schon meiner Umgebung ziemlich nahtlos angepaßt habe. Man merkt ja schließlich auch schnell am Akzent, ob jemand gerade mit dem Flugzeug aus Amerika gekommen ist. Ich habe mit dem ganz gewöhnlichen Vokabular der Mittelklasse angefangen und bin dann in Richtung auf etwas weniger »Pflaume im Mund« gedriftet, was mir den Zugang zu den Spielern und den Rängen von Aston Villa erleichterte. Addiert man dazu noch den drei Jahre langen Kontakt zur New Yorker Musikszene in all ihren Schattierungen, dann entsteht daraus schätzungsweise schon was ganz Eigenes: eben Händeschütteln und so. Ich müßte schon taub und doof sein oder völlig unsensibel, wenn meine Erfahrungen überhaupt nicht auf mich abfärbten.

2
Fremde Werte

Ich weiß nicht, ob ihr dieses Gefühl von Enttäuschung jemals kennengelernt habt: Man hat einen Superurlaub an einem ganz ausgefallenen Ort geplant, alle Bücher darüber gelesen, alle Filme von dieser Gegend gesehen, sogar den Wechselkurs mit Argusaugen verfolgt; alles ist neu, Kleidung, Koffer, alles ist bereit – und dann stellt sich raus, daß die berühmten Filme alle woanders gedreht worden sein müssen, die Bücher unterschlagen haben, daß dein Hotel direkt am Flughafen liegt und du für ein kleines Bier einen Haufen Geld zahlen mußt. Vorgefaßte Meinungen sind was ganz Gefährliches.

Nachdem ich auf der Menuhin-Schule drei Jahre gebraucht hatte, um den Schock der Veränderungen in meiner Familie zu überwinden, Selbstvertrauen zu gewinnen und zu meiner Musik zu finden, fieberte ich natürlich meiner weiteren Entwicklung im Erwachsenen-Milieu an der Juilliard förmlich entgegen: die Schule zu verlassen, in ein College einzutreten, mich als Menschen und meine Karriere vorwärtszubringen. Fehlanzeige! Das hört sich jetzt vielleicht gestelzt an, und natürlich möchte ich nicht die falsche Vorstellung erwecken, alles sei dort Mist gewesen; das war es ganz bestimmt nicht. Da ich jedoch beschreiben will, wie ich mich jeweils gefühlt habe, würde es einfach nicht zutreffen, wenn ich behauptete, es sei das gewesen, was ich mir erhofft hatte. Sicher, oberflächlich gesehen war alles da – jede Menge Talent, sowohl bei den Schülern als auch bei den Lehrern, tolle Einrichtungen und das elektrisierende Ambiente von New York. Ich konnte aber nicht ahnen, daß mich der Aufenthalt dort weiter von meinen Zielen wegbringen würde. Über jemanden, der nach dem eigenen Ausdruck suchte, rümpfte man hier sogar noch stärker die Nase als in England. Während der gesamten achtzehn Monate meines Aufenthalts wurde in Kritiken bis zum Gehtnicht-mehr behauptet, ich benutzte die klassische Musik nur dazu, um öffentlich auf mich aufmerksam zu machen. Für einen, der seit der Geburt nur mit Musik zu tun gehabt hat, klingt das einfach lachhaft, besonders wenn er dann noch an Leute gerät, die durch solche Artikel tatsächlich öffentliche Aufmerksamkeit erregen. Wenn diese Kritiker, die sich hoffentlich auch schon seit dem Kindergarten um Perfektion in ihrem Fach bemühen, mit eigenen Augen sehen wollen, wie Strebertum und persönlicher Ehrgeiz das echte Empfinden von Musik überlagern, sollten sie so eine amerikanische Schule für klassische Musik mal besuchen: Es stinkt dort richtig nach brutalem Ehrgeiz, nach skrupelloser Professionalität, die sich musikalisch auf alles einläßt, was Erfolg verspricht. Den Komponisten muß dabei das Herz brechen – von wo aus auch immer die toten von ihnen sich das, was hier passiert, ansehen. Das ganze schöne Material voller Leidenschaftlichkeit wird homogenisiert, damit es wie geleckt dasteht; kein Pep ist mehr in diesem standardisierten Einheitsbrei. Da ist es geradezu ein Wunder, wenn einmal ein echt an klassischer Musik interessierter Mensch den Durchbruch schafft, wo sonst nur ordentliche, geklonte Musterexemplare an Konformität gepäppelt werden. Ob nun meine Elgar-, Vivaldi- oder Brahms-Aufnahmen technisch unübertroffen sind oder auch nicht, ich habe sie jedenfalls mit einer Liebe und Hingabe gespielt, für die ich mich nicht schäme, und über eine Million Menschen in allen möglichen Ländern haben gesagt: »Ja, das gefällt mir« und sie gekauft (meine Aufnahmen haben insgesamt eine Auflage von über zwei Millionen).

Mag sein, daß die schulmäßige, amerikanische Art in ihrem geschlossenen Rahmen sogar ganz cool ist, aber diese Konzerte wurden doch mit aller Mühe und Akribie komponiert, damit man die Empfindungen der Komponisten denen nahebringt, die sie hören – und für mich sind das die Menschen, die ausgehen und ihr Geld für Plätze im Konzertsaal ausgeben wollen. Ein großer Komponist hat Blut geschwitzt, um seine Gefühle aus sich herauszupressen, und Jahrhunderte später versucht das Publikum mit aller Kraft die Fülle dieser Empfindungen nachzuerleben. Warum wacht die Klassik-Gemeinde so genau darüber, daß diese beiden Elemente weit auseinandergehalten werden? Um Mißverständnissen vorzubeugen: An der Juilliard-Schule waren viele brillante Leute, die alle darauf aus waren, voranzukommen; aber sie waren eben in erster Linie damit beschäftigt, weiterzukommen und nicht daran, die Musik und die Gefühle darin zu entdecken. Ich arbeitete zum Beispiel mit Dorothy DeLay, einer der besten Geigenlehrerinnen der Welt. Zu ihren Richtlinien gehörte auch die Vorschrift, daß man am Ende eines Konzerts zum Dirigenten hingehn, ihm die Hand schütteln und sagen mußte: »Ein wundervolles Konzert«, in der Hoffnung, damit einen weiteren Auftritt rauszuschinden. So was züchtet den professionellen Opportunismus, die Musik wird davon nicht besser. Die Schüler unterhielten sich nicht weiter über Musik. Statt dessen hieß es: Wie komme ich an den und den Manager heran? Wie hab' ich das wieder hingekriegt? Und dergleichen mehr. Daß ein Fernsehteam von BBC mich begleitete, muß einer solchen Mentalität geradezu paradiesisch vorgekommen sein. Aber das Interesse an mir ging auf den Sechsjährigen mit Feuer im Bauch zurück, den Sir Yehudi Menuhin entdeckt und unter seine Fittiche genommen hatte.

Ich will noch ein weiteres Beispiel hier erwähnen, eine schreckliche Sache, auf die ich aber damals richtig stolz war. Stephane Grappelli spielte in der Carnegie Hall, und natürlich stand ich vor dem Auftritt mit ihm hinter der Bühne. Dorothy DeLay hatte mir verboten, irgendwo Jazz zu spielen. Und dann fing Stephane an, mich zu überreden: »Komm, mein Junge, nun spiel doch schon...« Ich erklärte ihm, daß meine Lehrerin es mir verboten hatte, und da war er schrecklich enttäuscht. Ich konnte doch einen so großen Musiker nicht beleidigen. Also trank ich eine halbe Flasche Whisky, änderte meine Meinung und ging auf die Bühne. Es wurde ein großer Erfolg. Aber zwei Tage später meinte Dottie während einer Unterrichtsstunde:»Mir ist da was zu Ohren gekommen. Hast du mir etwas zu sagen?« Ich antwortete:»Nein.« (Ich hatte den Gig längst vergessen.) Dann erklärte sie, sie wisse, daß ich aufgetreten sei. In dem Konzert hätten nämlich zwei Klassik-Spezialisten von CBS A & R gesessen, und infolge dieses einmaligen Auftritts in einem Jazzkonzert würde ich bei dieser Firma niemals mehr klassische Musik rausbringen können.

Ich brauchte eine Weile, bis mir die Bedeutung dieser Erklärung mit all ihren Konsequenzen aufging. Ich war in der Nacht gut drauf gewesen. Nun fing ich an, darüber nachzudenken:»Mist – geht's im Musikgeschäft wirklich so zu? Kann man wirklich für gute Musik, welcher Art auch immer, bestraft werden?« Ich will hier den Ausdruck Status lieber vermeiden; aber kann man sich einen Galeriebesitzer vorstellen, der zu van Gogh sagt:»Leider ist das kein Ölbild, es ist nur mit Wasser gemalt; da Sie sich zu so etwas herabgelassen haben, werde ich dafür sorgen, daß Ihre Bilder nie wieder in meinen Galerien ausgestellt werden.« Bei einer solchen Haltung verdient die klassische Musik keine industrielle Verbreitung.

Ich legte weiterhin die Vorschriften möglichst großzügig aus und schwänzte immer öfter den Unterricht. Statt dessen spielte ich immer mehr auf eigene Rechnung. Ich trat nachts bei Jazz-Sessions auf und verpaßte dadurch den Unterricht am Vormittag, was zu ständigen Querelen mit den Lehrern führte. Leider war das Niveau dort, etwa in Musiktheorie, bei weitem nicht so hoch wie an der Menuhin-Schule. In der Klasse waren auch Gesangsstudenten, und es ist ja bekannt, daß die säuisch viel von Musik verstehen. Kapiert haben sie's dann wohl, als ich die Prüfungen zum Ende des Halbjahres wie alle andern ablegte und, ohne beim Unterricht regelmäßig anwesend gewesen zu sein, trotzdem gut abschnitt. So was stiftet natürlich nicht gerade Freundschaften, aber was blieb mir anderes übrig? Es hat meines Wissens heiße Diskussionen darüber gegeben, ob man mir die für diese Prüfungen nötige Punktzahl geben sollte, schließlich hab' ich sie aber bekommen. Im letzten Jahr wurden mir die Prüfungsergebnisse wohl nur deswegen nicht anerkannt, weil ich mich wirklich kaum in der Schule hatte blicken lassen. Man war vermutlich der Ansicht, daß die Punkte unter anderem eben auch für die Anwesenheit vergeben würden. Und darüber gab es nun wirklich kein weiteres Wort zu verlieren.

Manche Studiengänge an der Schule belegte ich zwar weiterhin, aber ich glaube, der alte Kennedy-Verteidigungsmechanismus fing wieder an, sich zu rühren. Man muß nur seinem Instinkt folgen: Ich weiß genau, daß das Publikum mir ganz deutlich zu verstehn gibt, wenn ich ein Stück falsch spiele oder falsch ausgewählt habe. Ein Gefühl dafür zu haben, was nicht ankommt, ist für jemanden, der vor Publikum auftritt, wahnsinnig wichtig. Und dasselbe Gefühl sagt mir auch, was das Publikum hören will – und die Zuhörer zumindest sind niemals von traditionellen Vorgaben irregeleitet. Was gespielt wird, ist gut, aufregend, bewegend, langweilig oder einfach schlecht. Das ist super, genauso muß es sein. Brahms, Beethoven – sie alle würden sich diesem Urteil gern stellen. Ob es sich nun um klassische Musik oder Jazz, Kirchen-, Pop- oder Tanzmusik handelt: immer sollte der Geschmack des Publikums darüber richten.

Es mag ironisch klingen, doch wenn ich an jene Zeit zurückdenke, bin ich sicher, daß ich, wenn ich dort geblieben und in den Staaten gelebt hätte, höchstwahrscheinlich ganz von der Klassik weggekommen wäre und mich irgendeiner Gruppe angeschlossen hätte. Die Klassik-Gemeinde lernte ich als krankhaft ehrgeizig und emotional steril kennen; die Welt des Jazz schien mir das genaue Gegenteil zu sein. Doch die Begeisterung für klassische Musik hatte sich in mir schon im zarten Kindesalter tief verankert, und nun erhob sich in mir Sir Yehudis leidenschaftliches Engagement für die europäische Tradition wie eine kulturelle Kampf-flagge. An der Juilliard-Schule blieb ich zwar nicht bis zum Schluß, aber ich hielt doch drei Jahre durch. Aber richtig los ging's für mich erst, als ich wieder in Großbritannien war.

Einer der wichtigsten Sponsoren meines Studienaufenthalts in den Staaten hatte Verbindungen zum Philharmonia Orchestra, und nachdem ich vorgespielt hatte, durfte ich in der Festival Hall unter der Leitung des damaligen Chefdirigenten Riccardo Muti auftreten. Diese Aufführung filmte die BBC als Höhepunkt ihrer mehrjährigen Begleitung meines Werdegangs. Das Konzert und der daraus resultierende Bekanntheitsgrad meiner Person brachten mir Kontakte mit Menuhins Agenten und ein paar weitere Konzerte ein. (Daß ich beim ersten Tutti des Violinkonzerts von Mendelssohn einen Villa-Schal rausholte, damit man sich an mein Debüt auch immer erinnern würde, kam vor allem bei Riccardo nicht sonderlich gut an. Vielleicht steht er auf Juventus oder was weiß ich!) Das passierte zu dem Zeitpunkt, als ich gerade beschloß, die Juilliard-Schule zu verlassen und nach Hause zurückzugehen, um dort eine Karriere aufzubauen. Ich wollte endlich arbeiten und nicht ewig ein erstklassiger Schüler bleiben. Zur Ehrenrettung Dotties und ihrer unheilverkündenden Warnungen, was die Mixtur meiner musikalischen Interessen anbelangte, muß ich sagen, daß selbst Menuhin beiläufig fallenließ, ich müsse diesen Konflikt für mich behalten. Und nachdem ich dann in ein paar Konzerten in der Festival Hall etwas geliefert hatte, was sich sehen lassen konnte, äußerte sich der Agent im selben Tenor. Wenn einem zwei oder drei wichtige Persönlichkeiten unabhängig voneinander eine bestimmte Richtung nahelegen, würde nur ein Dummkopf den Hinweis überhören. Ich erklärte mich also bereit, keine Jazzkonzerte mehr zu geben und mich auf die nun eingeschlagene Laufbahn zu konzentrieren. Wenn ich mich heute an diese Ratschläge erinnere, leuchtet mir ein, daß sie zusammen genau jenes Establishment repräsentieren, das ich durchbrechen wollte. Während der drei Jahre in New York habe ich eine Menge Freunde gewonnen, und ich bin mir sicher, daß meiner Technik die vermehrte Aufmerksamkeit zugute gekommen ist. Aber mein Ehrgeiz, Musik zu vermitteln, der gerade von den kulturellen Kontrasten angestachelt worden war, hatte einen Dämpfer bekommen.

London war mir sehr fremd. Seit meinem siebten Lebensjahr war ich der realen Welt ziemlich entrückt gewesen, da die Musikschulen gewissermaßen eine Welt für sich sind. All die Jahre über waren mir fast alle Entscheidungen abgenommen worden; für meine finanziellen Belange war immer gesorgt (das Budget konnte ich durch mein Herumtreiben auf den Straßen von New York sogar noch etwas aufbessern). Die oberste Regel hatte stets gelautet: »Verhalte dich wie die andern Studenten.« Meine passive intellektuelle Art zu rebellieren war ja soweit ganz gut, doch nun stand ich plötzlich ohne die moralische Unterstützung von all den andern Studenten allein in dieser Stadt. Das Establishment der klassischen Musik hatte einen flüchtigen Blick auf mein Können geworfen und mir eine Probezeit zugestanden. In dieser Situation konnte ich mir keine Schwächen erlauben.

Ich zog bei Duncans Schwester und Schwager, meiner Tante und meinem Onkel, ein. Wieder in ein Dachzimmer, doch diesmal ohne Blick aufs Meer. Es befand sich in einem stattlichen Regency-Haus in einer Häuserzeile am Regents Park, einer tollen Wohngegend. Einen Platz zum Üben zu finden, war nicht ganz einfach, da er möglichst weit von den Praxisräumen meiner Tante weg liegen mußte. Sie war Psychoanalytikerin, und für ihre Arbeit war es wichtig, den Eindruck zu erwecken, als sei niemand außer ihr im Haus. Ich übte zeitweise in der Küche, gelegentlich auch im Arbeitszimmer meines Onkels, das ziemlich schalldicht war. Das Hauptproblem bestand für mich darin, daß ich zehn Minuten vor jeder vollen Stunde aufhören mußte zu spielen und erst zwanzig Minuten später wieder anfangen durfte, weil in dieser Zeit die Patienten gingen und kamen und man auf diejenigen Rücksicht nehmen mußte, die ihre Behandlung verheimlichen wollten. Ein komischer Eiertanz, doch war es ein ruhiges Haus – zumindest solange der verrückte junge Mann nicht in der Küche rumquietschte.

Mir ging es in erster Linie darum, intensiv zu üben, um die wichtigsten Stücke meines Repertoires konzertsicher spielen zu können. Diese Disziplin – am frühen Morgen ein paar Stunden lang zu üben – habe ich seitdem über mehr als ein ganzes Jahrzehnt hinweg aufrechterhalten. Sie ist die Grundlage dafür, über das befriedigende Gefühl, ein Stück zu kennen, hinaus und in den erheblich anspruchsvolleren Bereich zu kommen, wo es nachempfunden und im emphatischen Sinn gestaltet werden muß. Viele Solisten, die versuchen, in einer Art keimfreier Sphäre zu spielen, entziehen sich der Kritik, indem sie noch »päpstlicher als der Papst« sein wollen. So vermeiden sie Kritik und schützen sich gleichzeitig davor, ihre Gefühle preiszugeben. Auf diese Weise kommt man bei einem Auftritt recht gut über die Runden, aber mir genügt das nicht. Mir kam es immer darauf an, den Gefühlsgehalt der Musik zum Ausdruck zu bringen, weil sich über diese Sprache die Menschen verständigen. Damit setzt man sich der Kritik aus, aber ich mache mir nicht sehr viel draus, mir geht's viel mehr um den Kontakt zum Publikum.

Der große Muti-Gig war ja nun wirklich glänzend gelaufen und vom Fernsehen aufgezeichnet worden, so daß ich ein gutes Gefühl für die Zukunft hatte. Ironischerweise brachte mir dieser Einstieg das Angebot ein, für CBS die Mozart-Konzerte einzuspielen, was ja doch beweist, daß das Jazzen in New York für mein Image keineswegs so negativ gewesen war, wie es mir die Schule prophezeit hatte. Wahrscheinlich hätte ich die Konzerte in dem Alter sogar ganz ordentlich eingespielt, denn sie gehörn nicht gerade zu Mozarts reifsten Werken und auch nicht zu seinen tiefsten. Ich wäre damals einfach hingegangen und hätte sie aufgenommen, ohne ihren Gehalt so zu hinterfragen, wie ich das heute tun würde. Leider war meine damalige Agentin der Ansicht, ein so junger Mensch sollte sich noch nicht an Mozart ranwagen. Sie teilte das sogar der Plattenfirma direkt mit, die uns daraufhin einfach wegschickte. Da noch ein- oder zweimal ähnliche Dinge passierten, wechselte ich innerhalb desselben Vereins zu jemand anderem. Doch blieb es schließlich dabei, daß ich den Auftritt in der Festival Hall zustande gebracht hatte, sich jedoch alles Weitere danach zerschlug. Natürlich hatte ich damals noch kein eigenes Publikum; mir blieb also kaum etwas anderes übrig, als mich an Institutionen für klassische Musik zu wenden und Auftritte ganz nach deren Geschmack auszuführen. Doch das unterschied sich erheblich von meinen jugendlichen Ambitionen und Träumen vom freien Spielen guter Musik, ganz gleich, um welche Art von Musik es sich handelte. Das Konzert mit Muti war gut geworden, weil ich die Chance gehabt hatte, das Stück zu spielen, so gut ich konnte. Für mich besteht die Herausforderung einer Karriere in klassischer Musik zur Hälfte darin, nicht nur das Spiel, sondern auch die Bedingungen ständig zu verbessern, die öden Standardkonzerte, die ich ansonsten angeboten bekam, waren von dieser Vorstellung meilenweit entfernt. Mich hielten eigentlich nur die vielen jungen Bekannten aufrecht, die alle Anstrengungen unternehmen mußten, um überhaupt etwas zu tun zu kriegen, oder aber, um existiern zu können, was spielen mußten, was sie absolut nicht wollten. Verglichen damit konnte ich nicht meckern – ich war zumindest auf dem Weg zu einer Karriere, wie ich sie mir vorstellte, wenn auch die Bedingungen noch keineswegs ideal waren.

Etwa um diese Zeit – ich war vielleicht neunzehn oder zwanzig – fing ich an, drüber nachzudenken, ob ich nicht glücklicher wäre, wenn ich die Klassik sausen ließe und in die angenehmere Welt des Jazz zurückgehen würde. An der klassischen Musik hingen einfach zu viele fremde Werte und Umstände, und dann der ganze Protokollkram, der bei den Agenten im Vordergrund stand – Karrierezicken von schrecklicher Inkonsequenz, ein ungeheurer Zeitaufwand, aber kaum nennenswerte Fortschritte. Ich sah keine Möglichkeit, mit meinem Spiel diese Barriere zu durchbrechen und die Leute fühlen zu lassen, was ich empfand. Ich hielt engen Kontakt zu meinen New Yorker Freunden, und sooft es mir möglich war, fuhr ich hin, um mit ihnen zusammen zu sein und ein oder zwei Sessions zu spielen. Witzigerweise erwies sich gerade Dorothy DeLay als unschätzbare Freundin. Zwar war sie sehr orthodox, aber sie hatte zumindest nichts mit der britischen Klassikszene zu tun und war insofern nicht festgelegt. Es half mir 'ne Menge, vor ihr zu spielen und neues Zutrauen zu mir selbst und meinen Möglichkeiten zu bekommen. Natürlich war sie darauf aus, daß ich den einmal eingeschlagenen Weg weiterging, auch wenn er eine Sackgasse zu sein schien und ich jedes Konzert mit Mendelssohn eröffnen mußte, worauf Bruckner folgte, und das Publikum unvermeidlich aus reiferen Damen bestand.

Ich glaube, mal alles zusammengenommen, gehörten meine Kritiken zu den besten, die ein britischer Geiger bekommen hat. Ich kapierte allmählich, daß man mich schon deshalb in der Zunft nicht sonderlich ernst nahm, weil ich weder Israeli noch Russe war. Ich hatte schon so manchen aus Frankreich oder sonstwoher weit schlechter als mich spielen gehört, und trotzdem hatte er bessere Kritiken bekommen, einfach weil er aus einem Land mit mehr Reputation kam. Zum Glück ließ ich mich davon nicht entmutigen; ich war vielmehr nur um so entschlossener, an meinem Spiel so lange herumzufeilen, bis sich die Frage nach dem besseren Geiger einfach nicht mehr stellen würde; das schien mir die geeignete Methode, dem Vorurteil zu begegnen. Daß ich Elgar ausbuddelte und aufführte, war schon ein erster Schritt. So kurios sich ein englischer Geiger für die Kritiker auch ausnahm, waren sie doch wenigstens zufrieden mit der Art, in der das Heimtierchen diese typisch englische Musik interpretierte.

Wenn ich auf diesen Lebensabschnitt zurückblicke, sehe ich, daß immer etwas auf der Tagesordnung stand, was mich hochhielt, auch wenn mir die Zeiten dazwischen endlos vorkamen. Das Muti-Konzert wirkte noch eine geraume Zeit nach, und dann bot sich mir die Gelegenheit, unter der Leitung von Menuhin in der Festival Hall den Elgar zu spielen. Es war für mich ein riesiger Knüller – eigentlich der einzig wichtige in dieser Zeit, genau gesehen vielleicht sogar eine Nummer zu groß. Denn mit Menuhin zu arbeiten, der sich mit dem Elgar-Konzert total identifizierte, brachte mich ganz schön unter Druck. Es gab ziemlich viele Leute, die mich schon in seinen Fußstapfen sahen, was ihm selbst nicht sonderlich behagte. Ich sehe ihn noch vor mir, wie er sich in einer Fernsehsendung gegen solche Mutmaßungen wandte: schließlich habe er keineswegs aufgehört, das Stück zu spielen. Aber damit suchte er im Grunde nur sein eigenes Territorium zu behaupten. Er bestand bei dieser Aufführung eisern auf seiner Interpretation des Stücks, und ich ordnete mich ihm in jeder Hinsicht unter – ich würde es genauso spielen wie er. Also versenkte ich mich an diesem Abend eine Weile ganz in mich, um mich in die für das Stück erforderliche Stimmung hineinzuversetzen. Dabei rief ich mir alle Anweisungen, die er mir über die Jahre hinweg und direkt während der Konzertproben gegeben hatte, ins Gedächtnis zurück. Bei der Aufführung hatte ich das Gefühl, daß das Publikum ergriffen war und daß ich wahrhaftig im Geist der Musik drin war. Seltsamerweise erwiesen sich diesmal die Kritiken als nützlich: Sie betonten, daß meine Interpretation der Menuhins sehr ähnlich war, warfen aber gleichzeitig die Frage auf, ob es denn genüge, einfach so zu spielen wie er. Das mußte ich erst mal schlucken, und dann dachte ich darüber nach. Ich wußte ja vorher, daß ich spielte wie er, hatte aber gedacht, gerade das sei was ganz Besonderes. Schließlich gibt es eine Menge Interpreten in der Klassik, die durch Imitieren von jemandem eine Topkarriere machen. Seltsamerweise aber paßte mir diese Kritik, als ich sie schwarz auf weiß vor mir sah, überhaupt nicht, ich konnte mich damit nicht abfinden. Das war eine meiner wichtigsten Entdeckungen, festzustellen, wie wenig von mir selbst ich zeigte. An meinem Spiel gab es nichts auszusetzen, doch stammten Stil und Technik größtenteils von den ausgeprägten Persönlichkeiten, die mich jahrelang unterrichtet hatten.

Es war höchste Zeit, diese eingeimpften Muster loszuwerden. Meine eigene Persönlichkeit und Interpretation wurden von anderen überlagert, und um meine eigene Individualität zu entdecken, mußte ich eine ganze Menge aufarbeiten. Sowohl meine Persönlichkeit wie auch mein Spiel waren sehr passiv geworden, so wie das bei Menschen wie Menuhin der Fall ist. Ich mußte mich also zuerst meiner selbst versichern. Menuhin drückt in der Musik niemals Aggressionen aus – niemals. Und wenn er mal eine aggressive Bemerkung macht, hört sich das leicht gequält an, weil er solche Gefühle gar nicht ausdrücken kann. Um die fremden Einflüsse loszuwerden, nahm ich mir die Originalpartituren vor. Ich studierte die Anweisungen der Komponisten, ich fragte mich: »Mach' ich das auch?« Interessanterweise zeigten sich viele Diskrepanzen zwischen Menuhins Spiel, so brillant es auch sein mag, und dem, was eigentlich in den Partituren stand. Ich entschied mich für die Anweisungen der Komponisten und setzte, gezogen von dieser Kraft, meine eigenen Empfindungen frei. Da ich mit Konzerten meinen Lebensunterhalt verdiente, konnte ich natürlich nicht einfach meine Arbeit unterbrechen, um meinen Stil und meine Ziele im stillen Kämmerlein neu zu formen. Ich mußte mit diesem Prozeß direkt vor dem Publikum beginnen. Wer meine Gefühle gegenüber meinen Fans kennt, wird sich kaum darüber wundern, daß sich die Bühne als die ideale Umgebung für Änderungen und Korrekturen rausstellte, dort fand ich zu meinen eigenen Gefühlen zurück. Das Publikum war begeistert von allem, was wirklich aus mir rauskam und nicht von irgendwelchen Lehrern stammte, und diese Bestätigung brachte mich auf meinem Weg weiter voran. Wer zuhört und dafür bezahlt hat, ist mehr wert als eine ganze Armee von Fachleuten: Er oder sie wissen, was ihnen gefällt, was ihnen echt vorkommt, warum sie in eine solche Veranstaltung gehn. Und diese Rückmeldung war das einzige, was ich auf meinem Weg zurück zu meiner Individualität brauchte.

Um diese Zeit hatten mein Onkel und meine Tante eine Wohnung in der Fitzjohns Avenue gekauft, die sie später selbst beziehen wollten. Sie boten mir an, sie zwischenzeitlich von ihnen zu mieten. Ich teilte sie mit einer andern ehemaligen Schülerin der Menuhin-Schule, der Pianistin Kathryn Stott und ihrem Freund Mick. Hier ließ sich wesentlich besser üben, und da wir alle Musiker waren, hatten wir für die nächsten beiden Jahre eine gemütliche Bleibe. Ja, eigentlich sogar, bis ich Joanna heiratete und wir nach Oxfordshire umzogen.

Joanna war eine Freundin von Kathryn, aber keine Musikerin. Das Oxfordshire-Abenteuer war aber nur ein kurzes Intermezzo. Wir zogen dann in eine eigene Wohnung ein paar Häuser weiter in der Fitzjohns Avenue. Unsere Ehe hielt trotz des beschissenen Drucks, der in meinem Geschäft herrscht, sechs Jahre lang; dann trennten wir uns wie zivilisierte Menschen, ohne uns gegenseitig oder unsere Freundschaft kaputtzumachen.

Um den Faden von eben wieder aufzunehmen: Je länger ich über Elgar nachdachte, desto mehr interessierte ich mich für ihn. Ich suchte sogar das Haus auf, in dem er gelebt hatte, um dort die Originalmanuskripte einzusehen, wobei sich herausstellte, daß sie praktisch identisch mit den veröffentlichten Ausgaben sind. Die Landschaft, in der er gelebt hatte, diese wunderschönen sanften Hügel – er hat einfach sehr gut umgesetzt, was er gesehen und empfunden hat; seine Partitur füllte sich für mich auf dieser Reise mit neuem Leben. Allmählich schienen mich alle rundherum bei meinen Bemühungen um dieses Konzert zu unterstützen. Ich spielte es mit dem Halle Orchestra unter James Loughran, und der Schriftsteller Michael Kennedy (keine Verwandtschaft!) lobte es überschwenglich. Nun wurde ich plötzlich ermutigt, mehr und mehr von mir selbst reinzulegen. Dann bot sich mir die Chance, mit dem Dirigenten Vernon Handley zusammenzuarbeiten, der mit Elgar-Aufnahmen viel Erfolg gehabt hatte und als großer Kenner dieses Komponisten galt. Wir spielten zusammen, und von da an unterstützte er mich vorbehaltlos bei allem, was ich mir mit diesem Werk vornahm, und bestärkte mich darin, es weiter nach »Kennedy-Art« zu spielen. Endlich hatte ich die Gelegenheit, ganz ich selbst zu sein und dennoch zugleich in der magischen Welt der großen Musik zu arbeiten.

Etwa um diese Zeit sagte der berühmte Geiger Salvatore Accardo einen Auftritt in der Royal Festival Hall ab, und ich sprang für ihn ein. So kehrte ich an den Ort zurück, wo mir manches über Menuhin erstmals klargeworden war, wiederum um Elgar zu spielen, diesmal unter Sir Charles Groves. Jetzt spielte ich ihn auf meine Weise, mit einer klaren Vorstellung von meiner Interpretation und einem gefestigten Selbstbewußtsein. Vielleicht war ich in diesen Jahren ziemlich dickköpfig, indem ich auf meinen eigenen Vorstellungen bestand; doch war ich sicher, daß sich das auf die Dauer auszahlen würde. Sir Charles, das Publikum, sogar die Kritik lobten die Darbietung überschwenglich, und Todd (so nannten wir Vernon Handley) begann von einer gemeinsamen Platte zu reden.

So um dieselbe Zeit inspirierte mich der faszinierende britische Geiger Albert Sammons. Er hat sich eine ganze Menge selbst beigebracht und, glaube ich, nur an die zwölf Geigenstunden bekommen. Er wurde schließlich so was wie ein britischer Kreisler, war nicht besonders berühmt und erhoffte sich auch keinen großen Ruhm wie andere. Es gab nur zwei Aufnahmen von dem Elgar-Stück, das ich so sehr liebe – eine mit Menuhin und eine historische Version von Sammons; sie war vollkommen anders, traf aber den Kern der Sache genau und bewies, daß man das Stück mit Erfolg auf eine eigenwillige Art spielen kann. Sein Spiel war direkter, nicht so auf jedes Detail erpicht, machte jedoch den Aufbau des Werks deutlich. Menuhins Interpretation arbeitet jede Feinheit des Werkes raus, dadurch wird es leicht zu einem rhapsodischen Ereignis von fünfzig Minuten Dauer mit einigen erhebenden Augenblicken, während Sammons einen direkten Zugang dazu ermöglicht. Seine Interpretation macht das Ganze durchschaubar. Sie ist sehr gut und hat mich stark beeinflußt.

Todd wollte die gemeinsame Aufnahme des Konzerts für EMI machen, die mittelmäßig zahlten. Ich sah keine Möglichkeit, an ein besseres Honorar zu kommen, weil es einfach keine britischen Geiger gab, die Spitzengagen erreichten; das hing mit dem erwähnten Vorurteil zusammen. Vielleicht bekam der eine oder andere Dirigent entsprechende Verträge; Jacqueline du Pré war die letzte Künstlerin gewesen, und dann war James Galway mit seiner Flöte gekommen – aber kein britischer Geigen- oder Klaviervirtuose. Damals lautete die Devise eben »Ausländer sind uns heilig«.

Im Umfeld der Aufnahme hielt das Schicksal dann so einige Überraschungen bereit. Das London Philharmonic Orchestra hatte eine gesponserte Aufnahmereihe mit EMI zugesagt. Später erfuhr ich, daß im Fonds der Firma gerade noch genug Geld für eine Platte mit einer kleinen Gruppe übrig war. Die Aufnahmen sollten in der Stadthalle von Watford steigen (in der öfter umfangreiche Aufnahmen gemacht werden). Bei dem vorgesehenen Stück von Walton mußten zwei Schauspieler mitmachen, und von ihnen sagte einer kurz vorher ab. Simon Foster, der damalige Leiter für Unterhaltungsmusik, hatte mein Elgar-Konzert gehört, und intern war darüber als mögliches künftiges Projekt gesprochen worden. In der Hektik vor der Aufnahme raste Simon zwei Wochen vor dem fälligen Termin herum. Rein zufällig hatte ich an den beiden ihm passenden Aufnahmetagen keine Verpflichtungen, und – es klingt unglaublich – an den beiden Tagen davor spielte ich genau dieses Konzert in Bournemouth und an den zwei folgenden dasselbe mit dem Halle Orchestra. Ich wurde also eingetragen, aber jetzt stellte sich das Problem, auch noch die Hälfte des Orchesters zusammenzutrommeln – sie waren ja für dieses Projekt nicht engagiert – und dann natürlich auch noch so plötzlich Geld für dieses ziemlich aufwendige Vorhaben aufzutreiben.

Irgendwie hat man dann alles rechtzeitig zusammengekratzt, und ich erschien zu den Aufnahmen, ohne je mit dem Orchester geprobt zu haben. Aber da war ja noch Todd, und der wußte, wie ich an diese Musik ranging. Es lief auch alles ganz glatt, aber während der nächsten Konzerte, weit weg von dem unvermeidlichen Druck, den meine allererste Konzertaufnahme mit sich gebracht hatte, wurde mir allmählich immer klarer, was ich in dem Stück gern zum Ausdruck gebracht hätte.

Bald darauf wurde die Aufnahme von der Zeitschrift *Gramophone* als beste Aufnahme des Jahres ausgezeichnet. Damit war bewiesen, daß die klassische Musik sehr wohl Individualisten verträgt, die sich mit dem, was schon immer lief, nicht abfinden. Im übrigen war es das erste Mal, daß dieser Preis für die Aufnahme eines Konzertes verliehen wurde; bisher war er im allgemeinen für eine Symphonie, eine Oper oder dergleichen vergeben worden. Die Auszeichnungen der britischen Schallplattenindustrie sind eine schillernde Angelegenheit. Hier geht es um mehr als nur eine Musikrichtung, alle möglichen Arten von Musik sind einbezogen. Deshalb bedeutet die Tatsache, so mir nichts, dir nichts an der Spitze der Klassikaufnahmen des Jahres zu stehn, in mancher Hinsicht sogar noch mehr, denn damit wurde diese Aufnahme den Giganten der gesamten Musikszene zur Seite gestellt: ein lebendiges Beispiel dafür, daß Musik eine eigene Welt sein kann. Daß unsere Aufnahme eine Billigproduktion war, war nicht gerade eine Empfehlung, denn ein solches Produkt hatte noch nie einen Preis gegen teure Alben gewinnen können. Trotz allem, ganz plötzlich, absolut überraschend, sah ich mich im gleißenden Licht der Scheinwerfer und der Fernsehkameras die Bühne betreten, um den Preis für die beste Klassikaufnahme des Jahres aus der Hand von Sir Georg Solti entgegenzunehmen, der mich mit Michael Kennedy ansprach. Natürlich war dieser Augenblick für mich sehr erhebend, doch – so seltsam sich das vielleicht anhört – mich hat am meisten berührt, daß ich an dem Tag mit so vielen andern zeitgenössischen Musikern, die ich sehr bewunderte, gemeinsam auf der Bühne stand. Es war, als würde ich, der Sparte Musik, die ich repräsentierte, zum Trotz, in die Gemeinde aufgenommen. In diesem Augenblick überkam mich der Wunsch, wie immer meine Karriere auch laufen sollte, meine Musik einem größeren Publikum nahezubringen.

Die Preisverleihung brachte ziemlich viel Publicity-Rummel mit sich, und danach diskutierte EMI endlich mit mir über einen ordentlichen Plattenvertrag – man konnte sich einen gewöhnlichen Engländer allerdings immer noch nicht so recht als Solostar vorstellen. Es kam dann wenigstens eine Art Hauskontrakt zustande, und mit der Tschaikowsky-Aufnahme ging es mit meinen Veröffentlichungen voran.

Meine berufliche Laufbahn bekam deutlichere Konturen: regelmäßige Verpflichtungen, meist mit denselben Leuten, wobei die Gagen auf Jahre im voraus festgelegt wurden, ohne Rücksicht auf die Werke, mit denen ich mich jeweils beschäftigen würde, oder auf den Wert, den ich vielleicht haben würde. Man ging wohl davon aus, daß sich nicht viel verändern werde. Einmal jährlich sollte die Gage leicht angehoben werden, gewissermaßen als Inflationsausgleich. Dabei hatte ich das ganz schummrige Gefühl, das nur die kennen, die den völlig verrückten Höhen und Tiefen des Showgeschäfts ausgeliefert sind. Nachdem mir nach dem Konzert mit Menuhin klargeworden war, daß ich Kurs nahm auf traditionelle Stereotypen und mich zu einer Kurskorrektur gezwungen sah, fand ich mich nun nach dieser Auszeichnung, of-

59

fen gesagt, unter den Etablierten wieder – hing widerstrebend an ihren Rockschößen, fühlte mich aber weder wohl noch wirklich akzeptiert. Auszeichnungen, Aufnahmehändel, Konzerte, aber immer noch nicht das Prickelnde, das Gefühl, daß zwischen mir und dem Publikum etwas ganz Besonderes vor sich geht. Ich wünschte mir die Nähe, die Wärme von einst zurück, als ich Jackett und Krawatte abgelegt und man mich verstanden hatte, oder als sich die Elektrizität des hinreißenden langsamen Satzes im Konzert von Bruch auf das Publikum übertragen hatte. Ohne dieses geheimnisvolle Band kam mir alles schrecklich steril vor. Die Leute von der Plattenfirma wollten mich im ordentlichen Abendanzug sehen, während es mich anödete, irgendwohin gedrängt zu werden, wo ich nicht hingehörte und wohin ich nicht wollte. Unausgesprochen stand im Raum: »Da du nun einer von uns bist, mußt du, wenn du weiterkommen willst, auch wie wir sein.« Leider hatte ich keine Wahl; es gab keine Alternative auf meinem Weg. Ich liebte meine Musik und haßte die kalte Sturheit derer, mit denen ich zu tun hatte. Wie jeder, der sich in einer ausweglosen Situation befindet, machte ich einen Schritt zurück und suchte von neuem in der freundlicheren Welt der zeitgenössischen Musik Zuflucht.

Um EMI gegenüber fair zu sein, muß ich sagen, daß ich einen kleinen Aufnahmevertrag für moderne Musik bekam und die Firma auch ihre Lippenbekenntnisse für das vom Unglück verfolgte Album *Let Loose* ablegte. Daß ich mich auf so was ernsthaft einließ, brachte die Klassizisten um mich herum gewaltig ins Schleudern. Wieder einmal war ich beruflich in einer Art Vakuum. Es gab mich zwar, aber ich entwickelte mich nicht. Wäre ich wie diese karrierehungrigen Typen an der Juilliard-Schule gewesen, hätte ich mich mit dem Erreichten wohl zufriedengegeben.

Ich glaube, es war eine der frustrierendsten Erfahrungen für mich, zu erkennen, daß der Versuch, meine Liebe zur Musik einem andern und größeren Publikum zu vermitteln, sich im Konzertbetrieb der klassischen Musik wahrscheinlich nicht realisieren ließ. So setzte ich meine Hoffnung darauf, dieses Ziel wenigstens mit meinen Schallplattenaufnahmen zu erreichen. Der Gewinn der Preise bestärkte mich in dieser Auffassung, danach tauchte ich regelmäßig in den Medien auf. Es sah für mich ganz so aus, als hätte ich den Durchbruch zum allgemeinen Publikum geschafft.

Natürlich stimmte das auch teilweise, aber ohne eine aufwendige Verkaufsstrategie für meine Platten trug ich nur mich selbst als Person zum Verkauf an. Meinem neuen Agenten gingen einige meiner Vorstellungen unweigerlich auf den Wecker, und vor allem natürlich die Richtung, in die *Let Loose* ging. Er war nicht der Mann, der die verwirrte Plattenfirma hätte beruhigen können, und in der Folge setzte um mich herum eine ziemlich beklemmende Stagnation ein.

In der Firma hatte ich einen guten Freund namens Barry McCann, der sich durch seine Fürsprache für mich in eine unmögliche Situation brachte. Das moderne Album hätte groß aufgemacht werden müssen, und das war kaum etwas für einen Agenten für klassische Musik. Auch hätte man die Schallplattenfirma ständig um Promotion angehen müssen, und dies wiederum fehlte mir. Barry gab sich Mühe damit, mein guter Geist zu sein, aber die Situation war einfach zu kompliziert. An der klassischen Front war EMI, was mich betraf, vollkommen verwirrt. Zwar sahen sie in mir ein Kapital, aber überhaupt keinen Weg, es gewinnbringend einzusetzen – ich paßte einfach nirgendwo rein.

Vielleicht sollte man dazu wissen, daß die Plattenfirma zwar insgesamt riesig ist, die Klassikabteilung aber ziemlich klein, mit nur einem führenden Kopf, einem musikalischen Direktor, einem Produktmanager und einem Verbindungsmann zur Presse. Bedenkt man weiter, daß praktisch alle Komponisten und die Hälfte ihrer Künstlerinnen und Künstler tot oder nicht verfügbar sind und das Stimmungsbarometer ohnehin nur dann steigt, wenn ein Produkt in einer Auflage von, sagen wir, zehntausend Stück verkauft wird, hat man vielleicht die richtige Vorstellung. Als einzelne Menschen mögen diese Leute großartig sein, aber sie machen aus ganz gewöhnlich Sterblichen Wunderkinder. Dafür können sie nichts, ihr Job läßt ihnen keine andre Wahl. Klar, daß ich aus dem Rahmen fiel; ich entsprach zwar als Musiker ganz ihren Vorstellungen, wurde jedoch auf eine Weise in den Medien gefeiert, wie sie es einfach nicht kannten.

Obwohl beruflich alles ganz ordentlich lief, steuerten wir doch allesamt auf eine Sackgasse zu. Nachdem ich ein paarmal mit Barry alles durchgegangen war, meldete ich mich bei Rupert Perry an, dem Generaldirektor von EMI. Es war klar, daß sich die Situation sehr rasch ändern mußte.

3

Zuspruch aus der Ecke

Ich frage mich, welche Vorstellung man allgemein vom Chef einer Schallplattenfirma hat und ob es ein typisches öffentliches Image für ihn gibt. Mir sind wahrscheinlich schon etliche begegnet, doch könnte ich wohl kaum einen von ihnen in einer Menge ausfindig machen. Vermutlich erfüllt nur das Personal der Pop-Promotion und der Pop-Musik die Klischees, denen viele von ihnen auch wirklich entsprechen. Rupert Perry kannte ich nicht besonders gut, da er seine Funktion erst seit gut einem Jahr ausübte. Im Herbst 1987 wurde das Bedürfnis nach persönlichem Kontakt aber dringend. Der Elgar-Preis und die darauffolgenden Veröffentlichungen hatten mein Verhältnis zur Klassik nicht intensiviert, und aus lauter Frust wandte ich mich Aufnahmen zeitgenössischer Musik zu, was es aber auch nicht brachte. Im Gegenteil, die aufkeimende musikalische Schizophrenie bereitete allen um mich herum Kopfzerbrechen. Mir war klar, daß ich Hilfe brauchte, aber im Musikgeschäft ist guter Rat so schwer zu finden wie eine Stecknadel im Heuhaufen. Rupert Perry war für mich die geeignetste Person, weil er sozusagen ein berechtigtes Interesse an der Stabilisierung meiner Karriere hatte. Er ist ungemein britisch und sitzt wie so ein Seemann mit Bart und strahlenden Augen hinter seinem riesigen Schreibtisch. Jahrelanger Erfolg in den Vereinigten Staaten hatte seine Fähigkeit zuzuhören und seine Wahrnehmung geschärft. Er gehört zu diesen freundlichen Menschen, denen man sein Herz ausschüttet und dabei vergißt, daß sich unter dem Pullover und der Krawatte eine knallharte Persönlichkeit verbergen muß, da er sonst kaum auf drei Kontinenten im Chefsessel gelandet wäre. Er opferte mir seine Zeit, und ich setzte ihm so prägnant wie möglich die hauptsächlichen, in diesem Buch beschriebenen Anliegen auseinander (Aston Villa ließ ich aus, denn er ist für Swindon und hat dort seine eigenen Sorgen!). Er schien froh darüber zu sein, daß ich ihn aufgesucht hatte, anstatt die Schwierigkeiten weiter anwachsen zu lassen. Als ich wieder ging, war ich mir zwar nicht sicher, was als nächstes geschehen würde, aber ich hatte wenigstens jemandem meine Sorgen mitgeteilt, der im selben Boot saß wie ich.

Ich glaube, es dauerte etwa eine Woche, dann meldete sich Rupert wieder, schwärmte von John Stanley und meinte, der könnte seiner Meinung nach den Karren wieder flottmachen – falls er sich dazu überreden lasse. Während ich mich weiterhin auf dem Karussell des Konzertlebens drehte, pirschte sich EMI vorsichtig an diesen Stanley ran. Ich weiß nicht, was da verhandelt worden ist, aber offensichtlich herrschte zwischen ihnen Achtung und Freundschaft. Zumindest wurde ich nicht, da auch Kumpel wie Barry McCann mit dabei waren, in einer Weise über den Tisch gezogen, wie es mir wohl passiert wäre, wenn ich mich auf eigene Faust an potentielle Manager gewandt hätte. Ich sah John zum ersten Mal, als er mit Barry in einem italienischen Restaurant in der Nähe von EMI bei einem Arbeitsessen zusammensaß. Da ich schon eine Menge über ihn gehört hatte, wollte ich ihn ganz gern auch mal aus der Nähe sehen. Ich hatte deshalb mit Barry ausgemacht, ganz beiläufig im Restaurant aufzutauchen, um ihm eine Kassette zurückzugeben. Einmal dort, setzte ich mich dazu und unterhielt mich eine Weile, und er war überhaupt nicht so, wie ich es erwartet hatte. Irgendwie hatte ich gedacht, daß er bei all dem Erfolg, den er hat, einigermaßen großkotzig sein müsse – so ein Schickimicki-Typ. Das war aber überhaupt nicht der Fall, er kam mir völlig normal vor. Er war spontan und offen, stellte allerdings eine Menge Fragen. Da sieht man also jemanden zum ersten Mal und merkt plötzlich, wie man ihn darum angeht, einem das ganze Leben umzukrempeln, und dabei hat man als Grundlage nichts zu bieten außer seinen Instinkt…

66

Kurze Zeit später besuchte John Stanley mich in meiner Wohnung in Hampstead. Weiß Gott, was er davon gehalten hat; meist herrscht dort ein fürchterliches Durcheinander. Immerhin fanden wir eine freie Ecke zum Sitzen und hockten dann, uns gegenseitig taxierend, mitten im Chaos. Ich bemerkte, daß er meine Platten und Bücher und was an den Wänden hing musterte und auch die goldene Platte für die Elgar-Aufnahme. (Später erfuhr ich, daß er Dutzende von goldenen und Platin-Platten für all das besaß, was er in seinem Bereich, also der modernen Musik, tat, aber er erzählte nichts davon.) Um solcher Erfolge willen war ich ja gerade hinter einem Manager her; der sollte den Künstler und die Plattenfirma, die sich mit meinen modernen, jazzigen Projekten so schwertat, unter einen Hut bringen.

Ich fand, die Begegnung sei so ganz gut verlaufen; zumindes herrschte eine durchaus vertrauensvolle Atmosphäre, und das wa beruhigend. Als er dann in seinem blauen Rolls-Royce wegfuhr fand ich das echt cool. Es klingt zwar irre, aber ich meine, in der Musik wie in der Kunst kann man daran, was etwas einem selbst und denen, die sonst noch dran beteiligt sind, einbringt, ermessen, wie gut es ankommt. Ich war ziemlich zuversichtlich, aber ich hörte später von Barry, John sei sich nicht ganz so sicher gewesen. Sechs Monate lang verhandelten John und EMI, John und die Klassik-Abteilung und John und ich, bis die Sache unter Dach und Fach war. Es schien alles gut anzulaufen, aber niemand von uns hat damals auch nur geahnt, daß John sich nicht nur über die Erfolgsaussichten meiner modernen Aufnahmen Gedanken machte, sondern sich die Zeit nahm, meine Karriere insgesamt in sein Kalkül einzuschließen, um alles, was irgend möglich war, aus mir rauszuholen.

Gegen Ende dieser Zeit war ich mit dem Wren Orchestra auf Tournee durch Großbritannien. Ich spielte im ersten Teil *Die vier Jahreszeiten,* im zweiten mit meinen Jazzmusikern etliche ganz moderne Stücke. In Reading tauchte John unangemeldet in der

Vorstellung auf. Vermutlich war dieser Abend für seine Entscheidung von weitreichender Bedeutung. Er hat später noch oft von dem alten Paar erzählt, das vor ihm saß. Beide hatten sich für das Konzert so richtig ordentlich rausgeputzt und genossen *Die vier Jahreszeiten* sehr. Als ich dann aber im zweiten Teil mit einem schwungvollen Jazzstück auf der an einen Verstärker angeschlossenen Geige begann, nahm der Mann, laut John, sein Hörgerät raus und steckte es in die Tasche. John hat dies seither oft als warnendes Beispiel dafür angeführt, ein Konzertprogramm musikalisch zu weitgefächert zusammenzustellen. Aber ihm ist auch noch was anderes aufgefallen: Während ich als Zugabe eine lockere Version der BBC-Erkennungsmelodie von *Match of the Day* spielte, klatschte das Publikum begeistert mit – auch der Alte. Unmittelbar darauf startete John sein Unternehmen mit mir. Für ihn war dieses Konzert das Paradebeispiel für meine Situation gewesen: Zwar drängte ich zu sehr in verschiedene Richtungen, vermochte aber den Abend dann jeweils mit meiner Persönlichkeit doch noch zu retten.

Nach dieser Klärung sah alles schon viel positiver aus. Dennoch war niemand von uns allen im geringsten auf das vorbereitet, was dann folgte. Aber wenn man sich einmal für eine Richtung entschieden hat, sollte man sie wohl auch einhalten. Der erste richtige Schock kam, als er mir vorschlug, die modernen Musikprojekte für eine Weile liegen zu lassen, und daß wir uns gemeinsam auf meine Karriere mit klassischer Musik konzentrieren sollten: Ich selbst wußte ja, daß auf diesem Feld für meine persönlichen Ziele nichts zu holen war. Und nun machte merkwürdigerweise ausgerechnet jemand ohne jeglichen klassischen Hintergrund einen derartigen Vorschlag. Doch bevor sich irgendwelche Zweifel überhaupt richtig regen konnten, befanden wir uns schon in ernsthaften Verhandlungen auf höchster Ebene.

Etwa ein Jahr zuvor hatte ich Vivaldis *Vier Jahreszeiten* auf Platte aufgenommen, und die Aufnahme verstaubte still und leise auf einem Studioregal in der Abbey Road. Zur gleichen Zeit, da alles in der Firma sich überschlug, ging ich ins Studio, um das, was ich bei den Live-Veranstaltungen der vergangenen zwölf Monate dazugelernt hatte, einzubringen. Diese Veränderungen erfolgten auf meine Initiative, und nicht auf die der Plattenfirma hin (wie es einzelne »puristische« Kritiker kolportiert haben), und sie betrafen nur die langsamen Sätze von *Frühling* und *Sommer*, die ich bei einer Neuaufnahme etwas freier interpretierte. Die Platte sollte im September 1989 erscheinen.

Eine weitere nette Überraschung von John war, daß er mich aus dem ganzen Medienrummel raushalten wollte. Bis dahin hatte ich mich mit praktisch allen Typen von der Presse und vom Fernsehen prächtig verstanden. Doch er erklärte, dadurch würde ich eher zu einer Art Star aufgebaut, als daß ich die Leute für die Musik, die ich doch so liebte, gewinnen könne. Irgendwie wurde mit EMI vereinbart, daß sowohl das für die Klassik zuständige Team sowie dasjenige für moderne Musik mit Johns Büro zusammenarbeiten sollten, und – o Wunder – das ersehnte, abenteuerlich anmutende Prickeln stellte sich ein. Die Klassik-Bande, die sich aus irgendeinem Grund besonders stark fühlte, tauchte eigens auf, um ihre Sache zu verfechten, und das Team für moderne Musik war entzückt über die Aussicht auf was ganz Neues – mit etwas mehr Pfeffer als eine eingefahrene Tanzschiene, die sich nach drei Monaten ohnehin totläuft. Im Rückblick erscheint diese Veränderung geradezu unglaublich, denn die Platte war ja noch gar nicht erschienen; überdies gab es bereits Dutzende von Versionen der *Vier Jahreszeiten,* und die verkauften sich auch nicht gerade zuhauf. Offenbar hatte ich mir im Lauf der Jahre eine ganze Menge an Goodwill rundherum aufgebaut, aber ohne daß jemand diese Kräfte konzentrierte, war die Wirkung die einer willigen Armee ohne Führung.

Instinktiv hielt ich an dem Glauben fest, daß man den Rahmen für klassische Musik weiter spannen könnte, aber ich mußte mich nach wie vor damit begnügen, bei einem Auftritt irgendwo einen Konzertsaal zu füllen. Paradoxerweise erwies sich die Tatsache, daß John ursprünglich aus dem Bereich U-Musik kam, für mich als Vorteil. Er brachte nicht nur seine eigene Erfahrung und Sicht der Dinge mit ein, sondern auch ein Gespür für die Anfälligkeit der Pop-Szene: Unruhe, Überdruß am bloßen Verkaufen von Musik. Seine ganz persönlichen Instinkte und meine paßten zusammen wie zwei Teile eines Puzzles. Vermutlich hat er in all den Monaten, in denen er sich nicht entscheiden konnte, daran herumgetüftelt. Was dabei herauskam, machte großen Spaß und war gleichzeitig ein seriöses Geschäft. Nach all den Jahren, in denen ich versucht hatte, Wände einzurennen, um dann im stillen Kämmerlein drüber nachzudenken, ob ich nicht vielleicht doch falsch liege, war hier endlich ein Mensch, der so empfand wie ich. Nicht, daß der Erfolg uns mir nichts, dir nichts in den Schoß gefallen wäre. Während der Monate vor Erscheinen der Vivaldi-Aufnahme fanden erbitterte Gefechte zwischen John und EMI statt, vor allem über das TV-Special *Four Seasons* (mehr darüber im folgenden Kapitel). Man ist uns manches Mal in den Rücken gefallen, aber wir wissen, was wir wollen und wie wir es bekommen. Opposition gehört dazu. Daß wir den heißbegehrten Fernsehpreis für diese Sendung gewonnen haben, hat unserem Selbstbewußtsein genügt.

Als die Vivaldi-Platte erschien, war ich die sechs kritischen Wochen über gerade auf Tournee in Amerika, was das strategische Vorgehen erschwerte. Für den Werbefeldzug wurden große Summen riskiert, über die letztlich wohl Rupert entschieden hatte, und sie wurden von der Klassikabteilung und Barrys Crew für Plakate, Anzeigen und dergleichen geschickt eingesetzt. Man verwandte wohl besonders viel Aufmerksamkeit darauf, den Verantwortlichen in den Plattenläden klarzumachen, daß da wirklich was zu holen sei; im allgemeinen hatten sie sonst immer nur wenige Exemplare der einen oder anderen Klassikproduktion vorrätig. Dank diesem hervorragend organisierten und zeitlich abgestimmten PR-Feldzug wurde das Interesse die ganze Zeit, in der die Platte lanciert wurde, wachgehalten, obwohl ich nicht einmal im Land war. Als dann die Sache so richtig ins Rollen gekommen war, brauchten die beiden Pressestellen sich schon gar nicht mehr drum zu kümmern, das Interesse zu wecken, sondern schickten uns nur noch Listen mit Anfragen, über die wir entscheiden sollten. Eins kam zum andern, die Öffentlichkeitsarbeit schuf die nötige Zuversicht, die Läden stellten immer mehr Exemplare in die Fenster, und die Plattenfirma hielt bald alles für möglich – ich sprang direkt auf Platz eins der Bestsellerlisten für klassische Musik, wenn das auch noch nicht viel über die Verkaufszahlen aussagt: 15 000 verkaufte Exemplare pro Jahr entsprachen in etwa einem Erfolg vom Typ Michael Jackson in der Pop-Musik.

Ich glaube, am unerbittlichsten war John, wenn es um Fernsehauftritte ging: Er bestand darauf, meine Auftritte zeitlich genau zu planen. Und wenn ich so zurückblicke, wurden größere Auftritte immer im Hinblick darauf angesetzt, die Plattenfirma und die Läden wieder auf Trab zu bringen: Prince's Trust Concert, Royal Command, BRIT Awards, unsere eigene Sendung über die *Jahreszeiten, This Is Your Life,* die Talk-Shows und so weiter; diese Strategie brachte für ein klassisches Konzert geradezu unerhörte Verkaufszahlen. Ich halte nicht viel von Statistiken, aber ich besitze immer noch ein Fax mit der Mitteilung, daß allein in England an fünf aufeinanderfolgenden Tagen über 45 000 Platten verkauft wurden: Im Durchschnitt ging an den fünf Verkaufstagen in der Woche während der Ladenöffnungszeiten alle dreißig Sekunden ein Exemplar über den Ladentisch. Man kann sich vielleicht vorstellen, was es für mich bedeutete, daß so viele Leute darauf abfuhren.

Vermutlich müssen alle, die ein Buch geschrieben und bei der Sendung *This Is Your Life* mitgemacht haben, ihre Story immer wieder bis zum Geht-nicht-mehr auswalzen. Als es mir so ging, war ich total geschockt. Bei mir lief es so ab, daß John mir mitteilte, es steige ein Überraschungsumtrunk bei EMI, damit Rupert uns beiden die goldene Scheibe überreichen könne. Es gehe lediglich um eine kurze Sache in Studio eins, Abbey Road, direkt nach Arbeitsschluß. Den Preis hatten wir verdient, und der Ort wie der Zeitpunkt waren ganz in Ordnung. Danach war für John und mich sowie für meine Freundin Brixie und für Julia (Johns Frau) zur Feier des Tages ein Imbiß geplant. Danach würde man uns nach Hause fahren, weshalb wir mit dem Taxi zum Studio kommen sollten. John hatte noch hinzugefügt, daß ein paar Presseleute da sein würden, um von der Preisverleihung Bilder zu machen, und daß EMI die Reden auf Videoband aufzeichnen werde. Möglich, daß ich auch noch kurz auf der Geige rumstreichen müsse, damit sie Bilder vom neuesten Erfolg nach Übersee senden könnten. Alles klappte wie geschmiert. Als Brixie und ich so einigermaßen pünktlich auftauchten, empfing uns ein Aufgebot von EMI und Freunden. Auf einem langen Tisch standen Getränke und Snacks, und ganz hinten war eine provisorische Bühne aufgebaut mit Hilfe der Podeste, auf denen bei Aufnahmen das Orchester plaziert wurde. Der Raum war mit ein oder zwei überdimensionalen Spruchbändern und vielen Luftballons geschmückt, auf denen (wenn ich mich recht entsinne) mein Name stand. Das Ganze begann mit den üblichen Begrüßungsfloskeln. Anschließend ging Rupert auf die Bühne und forderte uns auf, ihm zu folgen. Dann sprach er ein paar Minuten über den Stand der Dinge, sagte Nettes über John und überreichte ihm seinen Preis. Ich erinnere mich noch schwach daran, daß John mir sagte, ich solle mein Glas hinstellen und Rupert sagte: »Schau mich genau an, hör mir genau zu, dies ist ein ganz besonderer Preis« oder so ähnlich. Dann nahm ich die Platte entgegen und hielt sie für das Beifall klatschende Publikum hoch. Alle freuten sich für mich. Das war echt cool, denn die meisten waren an dem Projekt beteiligt. Der Applaus und die Bravo-Rufe nahmen aber nicht ab, sondern zu, und so sagte ich mir: »Weiter hoch damit und immer nur

72

lächeln.« Ich wußte nicht, daß Michael Aspel mit einem Kamerateam hinter mir auf die Bühne getreten war und dort mit dem Roten Buch in der Hand darauf wartete, daß ich endlich Notiz von ihm nahm. Ich war einen Moment enttäuscht, als er mir das Buch nicht gleich überreichte, sondern es noch festhielt. Danach ging alles so schnell. Ich weiß noch, daß ich überlegte, ob wohl mein guter Freund David Heath eingeladen worden sei… er war es. Man schirmte mich möglichst ab. Wir brausten in Limousinen davon, mit uns der Produktionsleiter und in jedem Wagen eine Flasche Schampus. Als wir schließlich in den Teddington Studios ankamen, wurde auch noch Brixie abgeschleppt, und ich blieb mit einer Maskenbildnerin in einem amerikanischen Caravan auf dem Parkplatz zurück. John, der (wer hätte das gedacht!) hinter allem steckte, wurde problemlos durchgelassen, um mich zu warnen, daß ich wahrscheinlich eine kleine Einlage auf der Geige würde zum besten geben müssen. Was dann passierte, haben die meisten vermutlich auf der Mattscheibe miterlebt. Auch von den Leuten in der Abbey Road wußten nur wenige von dieser Überraschung – bis zum letzten Augenblick war nicht einmal Brixie eingeweiht, damit sie sich ja nicht verplapperte. Normalerweise wäre die Vivaldi-Welle wohl allmählich abgeflaut, aber nun rollte in den Läden eine zweite Woge an – Barry erzählte mir später, der Verkauf sei um zweihundertfünfzig Prozent angestiegen. Man kann von dem Programm halten, was man will, für mich, meine Familie und meine Freunde war es ein ganz besonderer Abend (die Mannschaft von Villa verging sich sogar entsetzlich an den *Vier Jahreszeiten*). Die eigentliche Show war ziemlich rasch zu Ende, aber das Thames-TV-Team lud anschließend noch zu einem üppigen kalten Buffet, ohne die Zahl der Gäste zu beschränken. Sie waren überhaupt rührend um mich und, wie sie sagten, *meine* Party bemüht und spielten die Sendung für uns sogar noch mal ab. Jeff Green, Diz Disley, Alec Dankworth und ich hielten dazu eine Jam-Session ab.

Schon nach einigen Monaten saß ich erneut mit Michael Aspel zusammen, diesmal jedoch mit der ältesten Tochter der Königin und Michael Palin als Gast seiner Talk-Show. Das Vivaldi-Fieber ging noch immer um, aber wir hielten es für besser, daß ich etwas aus dem Violinkonzert von Bruch spielte, das ich mal aufgenommen hatte; es ist so wunderschön, und möglicherweise würde es die Leute ein wenig von Vivaldi ablenken und sie für etwas Neues zugänglich machen. Unsere Rechnung ging auf: Meine alte Aufnahme sprang direkt auf Platz zwei der Klassik-Hitliste, gleich hinter die Vivaldi-Aufnahme, und unter die besten dreißig der Popliste – wohl nicht gerade die typische Umgebung für Bruch!

Wir wußten beide, daß auf dem Feld, auf dem wir uns tummelten, eine ganze Menge Gefahren lauerten: Mein jahrelanges Spielen, das mühsam aufgebaute Ansehen standen auf dem Spiel. Einmal weil die Puristen Vivaldi für ziemlich trivial halten, zweitens weil ich einen Manager engagiert hatte, der nicht aus ihren Reihen stammte und drittens einfach deshalb, weil ich mich gab, wie ich bin. Ich selbst sah das alles überhaupt nicht so. Schließlich hatte ich mit Dreißig bedeutende Auszeichnungen für klassische Musik bekommen: Ich konnte mich also, sollte ich aus irgendeinem Grund mit Spielen aufhören müssen, auf den Lorbeeren genausogut ausruhen wie jemand, der erst mit über Sechzig zu ähnlichen Ehren kommt.

Doch liegt meiner Natur die einfache Tour ebenso wenig wie der Traum von Riesengagen. Die einzigen Besitztümer, die für mich wirklich zählen, hab' ich bereits – dank dem, was ich erreicht habe. Ich hab' meine Geige und mein Haus, und sollte es hart auf hart gehen, könnte man auf letzteres noch eher verzichten. Mich treibt dieses aufregende Gefühl an, das Musik erzeugen kann; die Aussicht, daß sich immer mehr Leute für das, was ich liebe, interessieren. Ohne Risiko zu spielen und sich hinter klassischen Traditionen zu verstecken ist für mich ein sehr viel größeres Wagnis, weil dieser Weg fast immer zum sicheren Tod des Geistes führt.

Mir liegt viel mehr daran, das träge System aus der Reserve zu locken und mich zumindest lebendig zu fühlen und in der Lage, mit Überzeugung zu spielen. Das macht es wert, auf der Bühne zu stehen.

Zu John hatte ich vor allem deshalb soviel Vertrauen, weil er sich von Anfang an nicht vom Ansinnen der Plattenfirma hatte beirren lassen, das in etwa lautete:»Wenn Sie sich darauf einlassen, dann bringen Sie ihn auf Vordermann!« Wie ich nun einmal bin, hab' ich ihm sicherlich manche Schwierigkeiten bereitet. Nachdem er jedoch auch über den Zaun auf meine Seite rübergeschaut hatte, kam er zum Schluß, daß offenbar die Industrie sich ändern müsse und nicht ich. Er hat niemals von mir verlangt, daß ich mich ändere, sondern hat vielmehr große Teilbereiche unserer Industrie, der Medien und die Öffentlichkeit zum Umdenken aufgefordert – und irgendwie ist das auch passiert. Meine *Vier Jahreszeiten* sind ins Guinness-Buch der Rekorde aufgenommen worden, da die Aufnahme über ein Jahr auf Platz eins war, und im jetzt laufenden Jahr standen Platten von mir an erster, zweiter und dritter Stelle. Ja, es war damals ein großes Risiko, das Risiko nämlich, ob wir die Musik auch tatsächlich durch die ganze Industriemaschinerie schleusen und zu den Massen würden bringen können. Gute Musik zu machen ist an sich nie riskant.

Nachdem wir das Unmögliche möglich gemacht und die Popstars mit einem waschechten klassischen Konzert ausgestochen hatten, ergaben sich paradoxerweise bei der Planung von Konzerten ernsthafte Probleme. In etablierten Kreisen werden Engagements häufig bis zu mehreren Jahren im voraus festgelegt. Das ist auch gar nicht so dumm, denn es ist nicht einfach, ein Orchester, Solisten und Dirigenten aufeinander abzustimmen und am richtigen Ort zusammenzubringen. Aus der Zeit, bevor John auf den Plan trat, war mein Terminkalender entsprechend den Gepflogenheiten der Klassik-Szene schon so voll, daß wir auf die große Nachfrage, die der Plattenerfolg auslöste, gar nicht reagieren konnten. Im Büro gehen zur Zeit, glaube ich, so an die sechshundert Anfragen pro Woche ein, ohne daß im Terminkalender im nächsten oder übernächsten Jahr noch Platz ist. Das war und ist in höchstem Maß frustrierend. Es läßt sich kaum beschreiben, welch riesiger Druck seit dem Erfolg auf allen lastet, wobei ich nur hin und wieder mitbekomme, was das Büro alles bewältigen muß.

Das Hauptproblem für mich ist, angesichts der einander pausenlos folgenden Verpflichtungen die Qualität meines Spiels beizubehalten. Um ein Beispiel zu geben: Die Vivaldi-Geschichte kommt in Übersee zum Teil gerade erst ins Rollen, und die Medien dort stellen wegen der Erfolgsmeldungen aus England knallharte Ansprüche. Vergangenen November spielte ich in Neuseeland in Konzerten, die lange Zeit vorher geplant waren, Brahms und versuchte gleichzeitig, die Vivaldi-Sache zu lancieren. Kaum hatte ich diesen Mix hinter mich gebracht, flog ich auch schon nach Australien und gab dort innerhalb von fünf Tagen fünfundsechzig Interviews. Anschließend spielte sich das gleiche noch mal in Tokio ab. Nun bin ich ja wirklich leidenschaftlich gern mit Leuten zusammen, und noch lieber steh' ich auf der Bühne, dem einzigen Ort, wo ich mich ganz zu Hause fühle. Aber natürlich macht eine derartige Masse von Verpflichtungen das tägliche Üben manchmal fast unmöglich. Aber vor allem weil ich erst in einem Jahr wieder nach Australien fahren kann, versuchten wir in diesen Aufenthalt soviel wie möglich reinzupacken.

Wir lassen uns auf solche Streß-Perioden ein, um möglichst vielen Leuten so gut wie möglich entgegenzukommen – das gehört im Erfolgsgeschäft nun mal dazu. Es ist hart, aber ich weiß, daß John und seine Leute zur Zeit wieder drüben sind, damit wirklich nur das Richtige getan wird, und daß die Verkaufsteams der Plattenfirma später nachkommen.

Im Verlauf der letzten Jahre ist mir eins klargeworden, daß man, solange es aufwärts geht, manchen Dingen gegenüber völlig gelassen bleiben kann. Bevor ich meinen Weg gefunden hatte, kam mir immer alles absolut unaufschiebbar vor, mußte sofort erledigt werden. Jetzt, mit dem Erfolg im Rücken, kann ich viel leichter abwarten. Noch vor einigen Jahren war ich ganz versessen drauf, eine Platte mit moderner Musik zu machen. Das war mit ein Grund, warum ich John als Manager haben wollte. Ich habe diesen Plan keineswegs aufgegeben, aber die Kunst besteht darin, sich zu einer bestimmten Zeit nur auf eine Sache zu konzentrieren, besonders wenn einem zwanzig Ideen im Kopf rumgeistern. Da ich mich ständig mit Projekten und Angelegenheiten rumschlage, die andere an mich rantragen, gehört es zu den angenehmen Seiten unserer Beziehung, daß ich sie nur noch mit John daraufhin durchgehen muß, was davon letztlich durchgeführt werden soll, und das wird dann auch angesetzt. Dagegen war es vorher so, daß ich viel zuviel Zeit und Interesse dafür einsetzte. Und wenn es sich reihenweise um unrealistische Schnapsideen handelt, bei denen nichts rauskommt, bleibt ein bestimmtes Image kleben, und man erreicht gar nichts. Jemanden um sich zu haben, der wirklich was davon versteht, hilft echt weiter. Es ist, als bekäme man Zuspruch aus der Ecke. Man muß zwar selbst in den Ring steigen und kämpfen, selbst noch gewinnen wollen, doch kann man sich mit der Hilfe aus der Ecke viel leichter über die Runden retten.

Der positive Drive, den ich heute drauf habe, scheint mir daher zu rühren, daß ich endlich ein Ventil für meine Ambitionen gefunden hab' – nicht solche von der Art, die ich in meiner New Yorker Zeit so sehr verachtete, sondern wirklich echte Gelegenheiten, meine Musik in möglichst weite Kreise zu tragen. Der bemerkenswerte Erfolg der Vivaldi-Aufnahme hat viele neue Möglichkeiten eröffnet. Ob nun Platten- und Filmgewaltige von unseren Ansichten wirklich überzeugt sind oder nur mitspielen, weil ich obenauf bin, spielt dabei fast keine Rolle. Natürlich wäre mir das erste viel lieber, doch unterm Strich steht schließlich, daß wir unsere Zeit zu nutzen verstehen und unseren Aktionsradius erweitert haben.

Meine Brahms-Aufnahme ist ein schönes Beispiel dafür. Dieses Stück habe ich schon immer geliebt. Daß man eine Platte produzieren kann, die sich massenhaft verkauft, ohne den professionellen Standard zu senken, kommt meiner Vorstellung vom Himmelreich ziemlich nah. Aber die Gelegenheit zu haben, mit einer geradezu tollkühnen Fernsehsendung echte Ergriffenheit in jedes Wohnzimmer zu bringen, aus diesem Stoff waren die Träume, für deren Erfüllung ich gekämpft habe, seit ich Geige spiele. In dieser Hinsicht bin ich nun wirklich ein vom Glück ganz besonders begünstigter Künstler. Was die Zukunft bringen wird, ist schwer zu sagen. Eine der großen Stärken klassischer Musik ist ihr Reichtum an Material, das es noch zu entdecken und zu feiern gilt. Eins steht jedenfalls fest: Solange ich mein Spiel verbessern kann und mir ein Publikum zuhört, werde ich alles daransetzen, daß möglichst viele Menschen die Musik zu hören bekommen. Ich bin wirklich nicht auf materielle Dinge versessen. Jetzt, da ich zum ersten Mal ein eigenes Haus habe, ein kuscheliges Nest im Lande Elgars, da ich in Brixie eine feste Freundin und Gefährtin habe, dazu Freunde und Aston Villa, bin ich ganz zufrieden. Doch ich kann nicht garantieren, daß ich, wenn John mir mit der verrückten Idee käme, ein Jahr in irgendeinem obskuren Winkel der Welt bei einem unentdeckten Stamm zu verbringen, der interessante Volksmusik macht, nicht schwach werden würde. Es hängt einfach alles ganz davon ab, wie aufregend es ist und wie ich dieses Gefühl über meine Musik an andere weitergeben kann.

4

Zweierlei Maß

Ich halte es zwar für eine menschliche Schwäche, aber es ist nun mal so, daß wir Dinge in vertrauter Verpackung mögen. Zu brauner Soße gehört einfach als Etikett das Bild vom Parlamentsgebäude, Kräutertee würde in einer roten oder blauen Verpakkung ziemlich komisch aussehen, während ein Bankmanager in Jeans manche Kunden abschrecken würde. Daß ich, wie ich meine, eine Ausnahme von dieser Regel bin, ist für mein Weiterkommen gleichzeitig förderlich und hinderlich.

Die Kleidung, in der ich auftrete, ist ehrlich gesagt nicht das Ergebnis geschickter Berechnung. Viele kennen wohl die Geschichte schon aus einem Zeitschrifteninterview: Nach einem Auftritt in den Staaten machte ich einen Umweg über New York, um mich von einigen Freunden zu verabschieden; am Sonntag mußte ich wieder in der Royal Festival Hall in London auftreten. Ich übernachtete in ihrer Wohnung und flog am Samstag ganz früh zurück, da ich abends Probe hatte. Ich war also nach einer langen Nacht in den Staaten früh aufgestanden und direkt zur Arbeit geflogen, deshalb hatte ich meinen Koffer überhaupt noch nicht angerührt. Erst am Sonntag morgen stellte ich dann fest, daß ich alles, was ich brauchte, in Manhattan gelassen hatte. Sonntags in England Gesellschaftskleidung zu kaufen oder auszuleihen ist ziemlich aussichtslos. Deshalb raste ich zum Camden Market, um dort was Gebrauchtes zu erstehen. Den üblichen Vorstellungen am nächsten kam die Smokingjacke, die ich heute noch trage. Sie war immerhin schwarz, aber teurer, als ich erwartet hatte – fünfundzwanzig Pfund, wenn ich mich recht entsinne. Hosen waren kein Problem und auch die Weste nicht. Ich machte auch ein weißes Hemd ohne Kragen aus Großvaters Zeiten ausfindig, wodurch sich von vornherein eine Krawatte erübrigte. Die Schuhe waren ein besonderes Problem; schließlich fand ich ein Paar scheußliche, schwarze Dinger, Marke Vorkriegsware, die mir immerhin übers Wochenende weghalfen. Als ich in dieser Aufmachung die Bühne betrat, war ich mir, wie man sich denken kann, ganz und gar nicht sicher, wie man mich aufnehmen würde. Doch da sich niemand daran zu stören schien, gab ich mich ganz der Sache der Musik hin. Und siehe da, die Show kam gut an, und die Kritiker nahmen mich nicht auseinander. Das fand ich interessant, denn ich fühlte mich in diesem Kostüm – von den Schuhen mal abgesehen – wunderbar leicht und frei beweglich. Beim Geigespielen muß man sich ständig mit Krawatten, Rockaufschlägen und Jacketts rumschlagen, denn die schränken die Bewegungsfreiheit unheimlich ein. Aber nachdem ich mal ein Konzert ohne solche Hemmnisse gemeistert hatte, sagte ich mir, warum nicht immer so? Doch wurde daraus natürlich ein Stein des Anstoßes – und was für einer! Von nun an betrachtete man mich im Musikgeschäft wie in den Medien unweigerlich als eine Art »Off-Beat«. Da dies aber nun mal so war, störte es auch nicht weiter, wenn ich mir Trophäen und Glücksbringer an die Jacke heftete. Sollte ein Bergkristall wirklich Energie anziehen oder sonstwie helfen, dann braucht ein Geiger ihn sicherlich nirgendwo dringender als auf der Bühne.

Das mit dem Haarschnitt entwickelte sich erheblich langsamer, als das Plattencover vermuten läßt. Gewöhnlich gebe ich im Sommer keine klassischen Konzerte, und deshalb ließ ich mir während dieser Zeit den Kopf immer wie ein Sträfling kahlscheren. Mir gefiel das einfach, und außerdem reagierten manche Leute, als wär' ich tatsächlich einer, und das machte mir Spaß. Schon lange vor dem Happening mit den Klamotten hatte ich mir das angewöhnt; dann entwickelte sich die Sache eben so, daß die vorgefaßte Meinung, mein Haar müsse bis zu den Konzerten wieder gewachsen sein, neu überdacht wurde. Wenn sich überhaupt etwas als fauler Zauber rausgestellt hat, dann die Ansicht, ich müsse mir die Haare wachsen lassen, um akzeptiert zu werden. Ich sah mir die Frauen an, die sich in der klassischen Musik umtun. Niemand hätte ihnen je vorschreiben können, in was für einem Kleid sie auftreten oder wie sie frisiert sein sollen. Ich dachte auch an russische Musiker wie Boris Belkin, die akzeptiert wurden, obwohl sie total altmodisch langes Haar hatten wie in den sechziger Jahren. Wenn man sich ein solch neuromantisches Image leisten konnte, warum sollte man sich dann nicht so aufmachen, wie es einem am angenehmsten war? Also hab' ich dann einfach mein Haar nur stellenweise stehen lassen und mir eine Frisur zugelegt, wie sie mir gefiel, so wie jeder normale Mensch das schließlich auch tut.

Nebenbei gesagt, erregt man zwar als gefeierter Geiger aus dem fernen Rußland möglicherweise die Aufmerksamkeit der »Puristen« etwas leichter, aber derart lange Haare sind beim Geigespielen völlig unpraktisch. Hier kann viel eher der Verdacht aufkommen, daß sich damit jemand nur ein bestimmtes Image geben will, als wenn einer sein Haar an den Seiten kurzgeschoren trägt, damit es ihm nicht im Weg ist. Die gelegentliche Unterstellung, es handle sich nur um eine Masche, ich wolle eben mit diesem Haarschnitt nur als Punk-Geiger auffallen, stört mich nicht groß. Ich weiß, wie es dazu gekommen ist, und das Publikum hat mich immer nur bestärkt. Es ist nichts als ein banales Klischee, das man in den Presseerzeugnissen für wirkungsvoll hält, die vor allem auf die Masseninstinkte ausgerichtet sind und sich um Kultur nicht im geringsten scheren. Ironischerweise müssen genau diese Zeitungen, wenn sie auch immer noch Großauflagen haben, gegenüber den mehr kulturell orientierten trotz aufwendiger Werbung Auflagenverluste hinnehmen. Eines Tages wird es ihnen dämmern, daß eben nicht nur Süchtige Kultur hören, lesen oder sehen möchten. Bis dahin müssen wir uns wohl oder übel damit abfinden, daß die »Medien in der Mitte« uns all die spinnerten

Meldungen vorsetzen, von denen sie glauben, daß sie beim Publikum ankommen.

Natürlich amüsiere ich mich nach einem Konzert und wenn ich mit Freunden zusammen bin, genauso wie jeder andere Musiker. Als es noch richtige Tanzkapellen gab, ging es dabei auch schon oft hoch her; und die Typen der Jazz- und Rock-Szene, ja, ich wage sogar zu behaupten, selbst der Klassik-Szene haben genauso ihren Spaß – aber die Medien stürzen sich unweigerlich auf all das, was ihnen an einem sogenannten Punk-Geiger als besonders auffällig erscheint, ein gefundenes Fressen. Das ist cool. Das erhöht den Absatz ihrer Blätter. Ein zweiter Hornist, der in einem Pub Amok läuft, oder ein Lautenspieler, der sich rumprügelt, das bringt's nicht, wohl aber ein Solist mit Punk-Frisur.

Dieses ganze Drum und Dran, was üblich ist und was nicht, hat natürlich Auswirkungen auf die enge Auffassung der Öffentlichkeit von Klassik. Die Erwartung, wir müßten, nur weil wir meist Werke verstorbener Komponisten spielen, immer noch so aussehen, als würden wir sie gerade zu Grabe tragen, ist doch absurd. Ich bin zwar nicht dafür, daß wir in jeder x-beliebigen Kostümierung auf die Bühne kommen oder sämtliche Gepflogenheiten bei einem bedeutenden klassischen Konzert über den Haufen werfen sollten. Denkt dran, Leute, daß ich euch von vorn am besten sehen kann, und manchmal, bei besonderer Gelegenheit, lasse ich den Blick über dieses Meer festlich gekleideter Menschen schweifen, und ich muß sagen, die Tatsache, daß sich alle so in Schale geworfen haben, gibt dem Ereignis erst den richtigen Pfiff. Aber muß deshalb die Uniform für uns Musiker immer gleich streng bleiben? Schließlich donnert man sich auch nicht jedesmal, wenn man mit seiner Partnerin oder seinem Partner ausgeht, auf wie der sprichwörtlich ewiggleiche Hundefraß; das wär' auf die Dauer nicht nur stinklangweilig, sondern würde jedem gemeinsamen Ausgehen die besondere Note nehmen, weil man wieder so gekleidet wäre wie schon beim letzten und auch beim vorletzten

84

Mal. Womit wir übrigens wieder beim Thema »vertraute Verpackung« wären.

Führen wir uns doch mal die Situation in der modernen Musikszene vor Augen. Wir nehmen, sagen wir mal, einen Teenie; wie sähe seine Erstaufmachung, der erste Schritt zum Rockstar, aus? Einfaches weißes T-Shirt, abgerissene Jeans, ausgelatschte Turnschuhe und die richtige schwarze Lederjacke, nicht wahr? Letztere müßte kurz sein, damit der Arsch richtig zur Geltung kommt und die Beine lang aussehen, dazu das Haar zerzaust, das Gesicht nicht zu glatt. Weiter: Er sollte – muß aber durchaus nicht – ein Instrument spielen oder, besser noch, singen. Wenn's nicht anders geht, kann er sich auch an einer Baßgitarre, die man praktisch nicht hört, oder einem Synthesizer festhalten, denn er braucht ja wohl einen Grund, um überhaupt auf der Bühne zu stehen. Neben vielen anderen diskreten Inputs enthält seine Platte vielleicht auch seinen Beitrag, außerdem eventuell digitale Kostproben bekannter Aufnahmen früherer Interpreten. Auf dem dazugehörigen Videoclip tummeln sich dann rehäugige Puppen und ein paar Leute, die ein TV-Werbeleiter schon dick rausgestrichen hat. Bei den Interviews tritt er natürlich selbst auf. Okay, das mag vielleicht alles sehr gemein klingen, aber ich denke, selbst die, die sich für Pop überhaupt nicht interessieren, kennen Storys, die diese Vorgaben durchaus bestätigen. Dasselbe gilt für die meisten heiß aussehenden Sängerinnen, die bei *Knots Landing* besser aufgehoben wären als auf einer Rock'n'Roll-Bühne. Gerade dieses Jahr gab es bei den BRITS Awards am Fernsehen eine Rock-Nummer: eine Gruppe von Tänzerinnen, die wie Amateure von einem Vorstadtballett auf den Spitzen tanzten. Nichts, absolut nichts könnte dem Geist der Rockmusik ferner stehen, als in Satinballettschuhen und Leotards auf der Bühne rumzutrippeln!

Es ist völlig unsinnig, aber irgendwie sieht man immer nur, was man sehen will. Allen ist doch klar, daß Superstar X gar nicht singt, die Mundbewegungen stimmen ja gar nicht mit dem Ton überein. Wir stehen aber auf Videoclips selbst dann noch, wenn die Typen, für die wir schwärmen, darin kaum vorkommen. Man muß schon taub sein, um nicht zu merken, daß ganze Scharen von Stars sich gleich anhören, nur weil sie alle von derselben Firma gemanagt werden. Wir akzeptieren, tolerieren und fördern sogar wie Komplizen dieses ganze Geschäft mit »kreativen« Illusionen und finden gleichzeitig gar nichts dabei, einen ausgebildeten Interpreten klassischer Musik anzuzweifeln und runterzumachen, nur weil er keine Krawatte trägt. Ich habe immer wieder versucht, diese Art zweierlei Maß zu durchschauen, und bin eigentlich zum Schluß gekommen, daß man als Popstar höchstens den zwielichtigen Status einer, sagen wir, Seifenoper zugestanden kriegt, selbst wenn man damit ein Vermögen macht.

Klassikinterpreten werden dagegen als einer Welt zugehörig betrachtet, von der man meist wenig weiß, vergleichbar den Halbgöttern im Operationssaal oder dem Bankenkader. Stellt euch mal vor, euer Banker würde hinter dem Schreibtisch wie ein Wilder mit eurem Konto rumjonglieren; ich wette, die meisten von euch wären in heller Angst und Not. Auf alle Fälle würde man ihm kaum soviel zutrauen, wie einem, der seine Rolle mit allem Drum und Dran spielt. Das ist natürlich kompletter Wahnsinn, denn er kann unter Umständen doppelt soviel auf die Beine stellen wie der smarte, bierselig-freundliche Frauenheld von der Straße. Aber so sind wir Menschen nun mal. Nur kann ich diese Art von Logik allenfalls für die Typen gelten lassen, die unsere lebenswichtigen Interessen ganz handfest beeinflussen können. Solche Kriterien aber auf Kunstschaffende zu übertragen, das ist doch der reine Irrsinn.

Würde man dieselbe Toleranz gelten lassen, wenn die jungen Hoffnungsträger klassischer Musik eine entsprechende Maschinerie in Gang setzten? Was hätten sie denn da zur Auswahl? Ich wette, es fällt kaum jemandem allzuviel dazu ein. Würde sich einer eine besonders geile Tussi zulegen oder etwas Kultivierteres, sagen wir, in Klamotten von Ralph Lauren und mit Hornbrille? Was für einen Schlitten würde er fahren – einen Porsche oder einen unauffälligen Kombi? Was würde er tragen? Man kann sich doch bloß den schwarzen Anzug vorstellen und sonst gar nichts. Würde man ihn noch immer umschwärmen, wenn seine Gesten mit der Musik nicht übereinstimmten, oder wenn geflüstert wird, die Kadenz auf der Platte sei nicht von ihm? Zwischen Geschäft und Öffentlichkeit hängt ein derart starrer und dichter Vorhang von Konformität, daß man Leute, die klassische Musik interpretieren, weder als Menschen noch als Kunstschaffende betrachten kann. Wir dürfen ja gar keine Individualität entwickeln. Selbst jemandem, der satirisch oder karikaturistisch was drauf hat, dürfte es schwerfallen, Interpreten und Interpretinnen klassischer Musik – mit Ausnahme vielleicht von zwei, drei herausragenden Stars – identifizierbar darzustellen, weil sie einfach keine ausgeprägten Züge vorzuweisen haben. Man frage jemanden, wie er sich Klassikinterpreten vorstellt, und sein Bild wird in etwa einem kleinen Ausschnitt auf einem großen Gruppenfoto entsprechen, das an alte Klassenfotos erinnert. Das Argument, Gleichförmigkeit auf der Bühne lenke am wenigsten von der Musik ab, ist durchaus richtig. Aber solange das allgemeine Bewußtsein hier eine strikte Trennung vornimmt, ist es praktisch unmöglich, daraus die fälligen Konsequenzen zu ziehen – selbst wenn wir als Publikum dazu nur allzu gern bereit wären.

Ansatzweise hat man dies selbst in der halbbescheuerten Branche bereits gespürt, aber es müßten ganze Barrieren eingerissen werden, was die Klassikabteilung aus eigener Kraft einfach nicht schafft. Der schrumpfenden Popindustrie mit ihren knallharten Experten, die aus allem Geld rausschlagen können, ist nicht entgangen, daß in diesem Sektor auf dem Plattenmarkt noch was drinsteckt. Horden von alternden Popstars prüfen ernsthaft die Möglichkeit, eine bedeutende Aufnahme zu machen: Arrangeure und Orchester gehen ihre anschwellenden Terminkalender durch; Superstars der Oper lassen sich auf »populäre« Aufnahmen ein, um mit kommerziellen Scheiben den Markt zu erobern. Und eine ganz neue Generation von hochgepäppelten Klassik-Fuzzis macht sich breit und versucht immer gerade das draufzuhaben, was das Publikum als typisch klassische Musik reinzuziehen bereit ist. Obwohl solche genau durchkalkulierten Klassik-Arrangements den Preis für Stil und Präsentation gewinnen können und sogar für die Technik Punkte bekommen, landen sie in der Publikumsgunst dennoch – Gott sei Dank – nie ganz oben. Wer Platten kauft, hat ein verblüffendes Gespür für das Echte. Eine mittelmäßige Aufnahme mit einem großen Namen geht immer so lala, während eine wirklich tolle Aufnahme von weniger berühmten Sterblichen ein Riesenerfolg werden kann, wenn sie über den von den »Puristen« eigenmächtig errichteten Wall hinwegkommt. Es ist historisch erwiesen, daß der Geschmack der Konsumenten außerordentlich verläßlich ist. Sie hungern geradezu nach guter klassischer Musik, nach jeder Art guter Musik. Was für eine wirtschaftliche und künstlerische Tragödie!

In den letzten Jahren habe ich eine Brücke zu schlagen versucht zwischen der Musik, die ich so sehr liebe, und dem Publikum, das sich bis zu diesem Zeitpunkt davon ausgeschlossen fühlte. Ich weiß genau, daß das beruflich für mich sehr riskant war, denn ich bin oft genug gewarnt worden – und zwar schon an der Juilliard School, als ich noch ganz brav war. Anfangs konnte ich wenigstens in der Musik meine Gefühle ausdrücken, wenn auch all meine übrigen Empfindungen noch weitgehend betäubt waren. Dann versuchten die Musikinstitute meine Kreise einzuengen; doch das Publikum genoß, wann immer ich ausbrach, die Freiheit genauso wie ich. Daß ich darauf einging, hat nichts zu tun mit Opportunismus oder mit einem kalkulierten Image. Ich bin einfach immer meinem Gefühl nachgegangen. Man hatte mir in der Schule beigebracht, man dürfe dieses oder jenes auf der Bühne nicht tun, und dann entdeckte ich zu meiner Überraschung, daß das Publikum genau diese Dinge mochte. Dadurch lernte ich mich auf meine Gefühle zu verlassen. So wie die richtige Beantwortung von Quizfragen die Lust darauf verstärkt.

Nach der enormen Bestätigung durch die Öffentlichkeit innerhalb der letzten Jahre bin ich sogar voller Optimismus und glaube, daß sich kulturell tatsächlich was tut.

Besonders gewichtige Verbündete, die die direkte Verbindung zwischen der Musik und dem Publikum gefördert haben, sind die Medien gewesen. Ich bin nicht so naiv anzunehmen, ihre Ziele seien rein kultureller Natur; mein Aufstieg mit Vivaldis *Vier Jahreszeiten* und dann noch Pavarotti mit Puccinis *Nessun dorma* bildeten gewiß eine medienwirksame Ausgangsbasis. Im Anschluß daran haben viele Veröffentlichungen und Sendungen bestätigt, daß die Öffentlichkeit mehr als nur ein flüchtiges Interesse an der Sache hat und ihre Förderung ein gutes Geschäft verspricht. Schließlich hat die klassische Musik genau den noblen Touch, den Herausgeber und Werbefachleute mögen.

Daß dem so ist, beweist auch die geradezu phänomenale Liste von Firmen, die mir Avancen als Werbeträger machten. Scharen von gutgekleideten Menschen in riesigen Gebäudekomplexen haben sich Gott weiß wie lange um perfekte Werbekampagnen bemüht – alles wissenschaftlich kalkuliert, um den Kundenkreis exakt zu bestimmen. Wenn auch nur etwas an dem ganzen Scheiß stimmt, ist es doch faszinierend zu sehen, daß das Spektrum von Interessenten im vergangenen Jahr vom weltberühmten italienischen Modehaus bis zum Hersteller ultradünner Handschuhe reicht, von Auto- und Schokogetränk-Produzenten bis zu Büroeinrichtungsfritzen. Falls also diese hochbezahlten Agenturkalkulationen auch nur teilweise stimmen, dann ist das Interesse des Publikums an der Klassik doch viel größer als das der Plattenindustrie. Die Medien sind in zwei Lager auseinandergefallen: Das eine – zwar klein, aber außerordentlich einflußreich – ist eindeutig weniger auf den Gewinn konzentriert, der sich aus dem Verkaufserfolg von klassischen Werken erzielen läßt, als vielmehr darauf, lauthals Warnglocken ertönen zu lassen, sobald an den Traditionen dieser Kultur auch nur im geringsten gekratzt wird.

Man hat detaillierte Analysen über meine Vermarktung angestellt, es gab Unkenrufe, das Ganze sei eine vorübergehende Erscheinung, Gemunkel über Musikerinnen, die ihre Schultern entblößen – und natürlich kein Wort von Popsängerinnen in wenig mehr als Spitzen-BHs oder über Abendkleider, die ohnehin viel offenbaren. Ein Hochglanzblatt hob sich immerhin dadurch davon ab, daß es bestimmte Stellen auf mehreren Aufnahmen der *Vier Jahreszeiten* miteinander verglich. Angesichts Dutzender von angebotenen Aufnahmen, die ahnungslose Kaufwillige wirklich verwirren können, war das konstruktiv; leider – vielleicht aus Furcht, in den Augen des Establishments als Verräter dazustehen – schlug man am Ende der Besprechung meiner Aufnahme vor, man könne sich die Platte ja auch im Dunkeln anhören, falls einem meine Aufmachung nicht passe. Daß man sich in dieser Ecke anfangs eher zugeknöpft gab, war aber irgendwie noch verständlich. Da wir die Leute wachzurütteln versuchten, mußten wir den Verkauf des Vivaldi ja wirklich mit gewaltigen Mitteln durchboxen. Es würde mich also wundern, wenn die meisten »seriösen« Kommentatoren mein Gesicht nicht bis obenhin satt gehabt hätten. Leider, und das wissen sie nur zu gut, muß man bisweilen die Trommel kräftig rühren, um die Aufmerksamkeit der Leute zu erregen. Das war ein echtes, aber kalkuliertes Risiko für mein berufliches Ansehen, vor allem so unmittelbar nach dem Gewinn der bedeutenden Auszeichnung für meine Elgar-Aufnahme. Die Medien, die diese Hintergründe wohl kaum kannten und sich nicht sicher waren, ob ich mein musikalisches Kapital nicht doch gegen Bares gut unter die Leute gebracht hätte, fürchteten verständlicherweise, ich sei bald ausgebrannt. Im letzten Jahr haben sich solche Auffassungen allmählich etwas abgeschwächt, da meine reguläre Konzertarbeit munter weitergeht. Der Verkauf anderer, weniger »verachtungswürdig« kommerzieller Platten, etwa meiner Aufnahmen der Konzerte von Mendelssohn und Bruch, schafften den Durchbruch in die echt »seriöse« Kategorie, und selbst Live-Mitschnitte von Konzerten, zum Beispiel von Prokofjew, waren binnen vierundzwanzig Stunden ausverkauft. Das bedeutet aber durchaus nicht, diese elitären Wächter hätten nun den Weltuntergang zu fürchten, sondern es heißt, daß jetzt »indiskutable menschliche Wesen« den dritten Satz der *Vier Jahreszeiten* vor sich hin summen. Allmählich geht vielleicht doch einigen dieser Wächter ein Licht auf, daß auch andere Leute sich vielleicht in der Öffentlichkeit nicht danebenbenehmen und weder Bierdosen noch Chips mit ins Konzert bringen. Da es sich bei den betreffenden Zeitungen jedoch um britische handelt, ist von Optimismus natürlich nicht allzuviel zu spüren, höchstens von weniger Zynismus.

Es ist aber wahrscheinlich in der Tat für sie nicht so leicht zu verdauen, daß man mir zuerst allerhand Schwierigkeiten prophezeit hat, um dann feststellen zu müssen, daß große Talente aus aller Welt, die sie auf ihren Seiten feiern, immer noch gern mit mir zusammenarbeiten oder Aufnahmen machen. Als Klaus Tennstedt sich bereit erklärte, mit mir das Brahms-Konzert aufzunehmen, habe ich mich natürlich super gefühlt. Mit so einem wirklichen Meister zusammenzuarbeiten, war ein phantastisches Gefühl, weil das wieder einmal bewies, daß man nicht unbedingt ausgestoßen wird, sobald man sich auf eigene Füße stellt und seinen Instinkten folgt. Als der Brahms erschien, wurde er sofort zum Verkaufsschlager Nummer eins in achthundert großen Plattengeschäften.

Der Widerhall im anderen Lager der Presse, in den Massenmedien, war ganz anderer Art, insgesamt aufrichtiger; zwar nicht immer wohlmeinend, aber überwiegend unprätentiös. Dies sind schließlich die Zeitungen und Fernsehsendungen, die die breite

Öffentlichkeit mit Informationen versorgen. Natürlich stand da ziemlich viel Zeug drin von einem »Punk-Geiger« und allerhand über Villa und meine Freundin Brixie, aber dabei blieb es eben nicht. Als *Die vier Jahreszeiten* in die Pop-Hitlisten einbrachen, als ich Preise gewann, als unsere eigene Fernsehsendung zu neuen Ufern aufbrach, wurde auch über diese Ereignisse in aller Breite berichtet. Die Talk-Shows, sogar eine große Anzahl von Kindersendungen, machten ganz von sich aus klar, daß das Publikum ohne viel Aufhebens damit anfing, die Musik von den Puristen zurückzuerobern. *This is Your Life* ersetzte die Erkennungsmelodie am Ende gar durch Vivaldi. Diese regelmäßigen Hinweise auf die zunehmende Popularität klassischer Musik kamen dann letztlich dem Verkauf »seriöser« Platten ganz allgemein zugute, wenn sie sich auch in erster Linie im persönlichen Erfolg Pavarottis sowie meinem niederschlugen.

Eine derartige Berichterstattung reiht die Musik wieder in die allgemeine Unterhaltung ein. Dies hat sicherlich mit dazu beigetragen, daß mich der Variety Club von Großbritannien zur herausragenden Persönlichkeit des Jahres im Showgeschäft gewählt hat. Das ist bisher noch keinem klassischen Musiker widerfahren. Ob nun die angemeldeten Zweifel der »seriösen« Zeitungen oder die Punk-Stories der Regenbogenpresse zutreffen oder nicht, sie haben jedenfalls vereint die Aufmerksamkeit auf diesen Bereich der Musik gelenkt, und anschließend hat sich wie immer Otto Normalverbraucher seine eigene Meinung gebildet. Die Schallplatte schoß über die Grenze der Millionenauflage schnurstracks hinaus, direkt ins »Guinness-Buch der Rekorde«. In einem von Medien überfluteten Land ist es zuweilen schwierig, rauszufinden, was wirklich Neuigkeitswert hat. Die eigene Zeitung bringt eine Version, und vielleicht entdeckt man irgendwo noch eine andere Auffassung, aber solange man sie nicht alle durchgeht, kann man sich kein endgültiges Bild machen.

Manchmal ist da ein Blick ins Ausland ganz hilfreich, wo sich in manchen Ländern unser Projekt erst seit kurzem herumspricht. Im allgemeinen läßt sich sagen, daß man sich in Ländern mit gut organisierten Medienverbänden und einigermaßen unvoreingenommenem Verhältnis zur Kunst der Angelegenheit schon angenommen hatte, noch bevor wir dort hinkommen konnten: Irland, mit seiner Passion für die Fiedel, Holland, Australien, sogar Neuseeland, wo die Platte auf Platz drei der Pop-Hitliste hochdonnerte, obwohl man immer noch darauf warten muß, bis ich selbst aufkreuzen und das Stück live spielen kann. Kulturell aufnahmebereite Länder wie Japan versetzten der Platte einen kurzen Kick, und schon stand das Stück in der ersten Woche an der Spitze der Klassik-Hitliste und wurde zum Sieger erklärt – ein falsches Konzept, wie sich später rausstellen sollte. Denn es geht ja darum, den Verkauf über den festen Kundenkreis hinaus auszuweiten auf die Masse, die auf der anderen Seite der trennenden Mauer geduldig auf jemanden wartet, der den Weg zeigt. Auch in Großbritannien schwang sich die Platte ja gleich an die Spitze der Klassikliste. Aber die Plattenfirma hat sich nicht auf den Lorbeeren ausgeruht. Achtzehn Monate später war sie dann immer noch die Nummer eins – nun aber mitsamt dem halben Katalog meiner anderen Aufnahmen. Und die *Jahreszeiten* hielten sich immer noch wacker unter den besten vierzig der Pop-Liste und überboten noch immer neue Pop-Platten. So was läßt sich nicht künstlich aufrechterhalten. In Japan hat man beispielsweise das Konzept noch einmal unter die Lupe genommen und ist zum Schluß gekommen, daß es nicht darum geht, blasiert die Klassiklisten anzuführen; deshalb stützt man jetzt dort das Projekt langfristig. Die Medien haben sogar für die frische Brise eine neue Bezeichnung geprägt: »Nouvelle Vogue«. Die rigorose Förmlichkeit in Ländern wie Deutschland und den Vereinigten Staaten, wo in einer Firma die klassische und die Pop- und Rock-Abteilung kaum je zusammenkommen, hat, was mich betrifft, eine Menge Verwirrung gestiftet. Wir selbst aber wissen, daß die einen einfach viel länger brauchen als die anderen. Mit der Zeit wird sich das schon geben. Im allgemeinen beschäftigt sich die ausländische Presse viel damit, zu berichten, wie faszinierend die Ereignisse sich in Großbritannien angelassen haben. Man greift solche Trends auf, um Lesepublikum anzulocken, kommt dann aber doch bald zu relativ seriösen Berichten über die veränderte Einstellung zurück. Man könnte sagen, daß sie in etwa die Mitte hält zwischen den beiden britischen Medienlagern. Die Talk-Shows im Ausland scheinen übrigens mit uns als Gästen ganz gut zu laufen, von ein paar wenigen Verständigungsschwierigkeiten mal abgesehen, und Gott sei Dank, gibt's unser unglaubliches TV-Special *Seasons*, das mir fast überall alle Probleme dieser Art aus dem Weg räumt.

Ich habe schon erwähnt, daß sich die Pop- und Rockszene viel mehr leisten kann als die klassische, was die Videoclips ja deutlich genug widerspiegeln.

Um für das Special *Seasons* die Finanzierung zu sichern, mußten wir wüste Kämpfe austragen. Noch bevor John mein Manager wurde, hatten Leute von der Plattenfirma und ich uns Gedanken über einen entsprechenden Film gemacht, der ganz schön provokativ geworden wäre. Es waren schon Gelder dafür da, und hätte man ihn gedreht, wäre er vermutlich zum Kultfilm geworden. Statt dessen blies John die ganze Sache ab, und wir kreierten zusammen die Show, die ihr vielleicht im BBC-Fernsehen gesehen habt. In der Popszene werden häufig ganz lässig sechsstellige Summen für Werbezwecke für eine Single-Auskoppelung aus einem neuen Album verschwendet, nur weil man davon ausgeht, daß diese vier Minuten das Beste darauf seien. Mit nur ganz wenigen Ausnahmen ist die Lebensdauer einer Single ungeheuer begrenzt, der Profit bescheiden, und in dem Augenblick, in dem sie von der Bildfläche verschwindet, geschieht das auch mit dem Video; manchmal wird das Ganze dann noch einmal wiederholt. Unser Feature *Seasons* aber enthielt das Werk vollständig plus anschließende Interviews und hat etwa soviel gekostet wie eine derartige durchschnittliche Vier-Minuten-Pop-Werbung. Und doch gebärdete man sich, als hätten wir die Kronjuwelen gefordert! Wir lieferten den fertigen Entwurf für die Show, sorgten für die BBC-Übertragung und heuerten dann Produktionsfirmen an, die ihre eigenen Vorstellungen über unser Thema vorlegten, von denen wir das attraktivste Angebot auswählten. Und nach all diesen Anstrengungen stellte sich EMI ernsthaft quer, weil John für dieses Projekt gar nicht in Frage komme, nach dem Motto: Schuster, bleib bei deinen Leisten, und ähnlichem Quatsch. Man dachte nicht einmal mehr daran, daß John gelernter Kameramann ist und an Hunderten von Filmaufnahmen mitgewirkt hat. Dieselbe Firma hatte ihn übrigens sogar mal als Filmdirektor eingestellt. Wir wurden also beide schier fast weggeputzt, aber wir wissen, was wir wollen und wie wir es bekommen; Opposition gehört nun mal dazu. Schließlich kam die Sendung zustande, und wie das Leben so spielt, gewann der Film die begehrte Goldene Rose von Montreux, die ironischerweise von der Firma als von ihr errungene Auszeichnung ausgestellt wird, während wir nichts in die Hand bekamen als das Fax mit der Nachricht. Der Film hielt sich weitgehend erfolgreich an unser Erfolgsrezept: Musik und Darbietung wurden in keiner Weise aufgemotzt und lediglich Beleuchtung und Bildsprache etwas modernisiert. Dank eines guten Überblicks von Anfang an und einfühlsamer Leitung durch Geoff Wonfor ist dies auf weiten Strecken durchgehalten. Dadurch wurde der Film nicht langweilig, geriet aber auch nicht in die Kategorie der Glitzershows.

Als ich einmal alte Fernsehshows durchsah, stieß ich auch auf eine ITV-Show aus den achtziger Jahren mit dem Titel *Strad Jazz,* in der der Jazzexperte Peter Clayton mich bei der Darstellung verschiedener Musikstile beobachtet und sich mit mir über meine Ansichten dazu unterhält. Wir kamen dabei auf meine Bewunderung für die visuellen Ideen von Duran Duran zu sprechen, und er brachte mich darauf, etwas über die visuelle Umsetzung von klassischer Musik zu erzählen. Ich spielte für ihn Edward Elgars wunderschönes Stück *Salut d'amour,* und damit unterlegte man später meine Erläuterungen. Und so stellte ich mir das damals vor: »Mir liegt sehr viel daran, Musik umzusetzen, brillante Videos zu machen, in denen alles wunderschön aussieht, so daß man richtig darin eintaucht. Ich wünschte mir brennend, daß man so was für klassische Musik machen könnte, wie es in der Pop-Szene üblich ist. Zum Beispiel schweben mir für Elgars Stück *Salut d'amour* Bilder einer Landschaft vor: Elgar war ein Typ, der sich immer von der Landschaft hat inspirieren lassen. Wenn das Hauptthema zum ersten Mal erklingt, könnten es vielleicht ein paar allgemein stimmungsvolle Bilder sein, etwa von einem Bahngleis und Wiesen und Hügeln; bei der Wiederholung des Themas sollte dann nachdrücklicher gezeigt werden, worum es ihm geht; diesmal könnte sich der Blickwinkel verengen und sich auf ein Liebespaar auf einer Wiese richten, das ganz offensichtlich sehr glücklich ist und sehr verliebt, mit allem, was sonst noch dazu gehört, eine Flasche Wein und die Reste eines Picknicks. Und, natürlich, kein Glück dauert ewig, was ja stets ein Grundthema ist von Elgars Musik; den beiden wird klar, daß sie sich schon sehr bald, vielleicht zu ihrem Besten, voneinander trennen müssen, und das steigert noch ihre Zärtlichkeit und was sie füreinander empfinden. Genau darum geht es Elgar: Er gehört zu den zartfühlendsten, innigsten Komponisten; und diese Szene darf denn auch keinesfalls in der heutigen Zeit spielen, denn ganz viel von dem, was Elgar schreibt, gehört der Zeit an, in der er gelebt hat. Es geht darin so oft um das, was er andern gegenüber empfindet und was er von der Menschheit überhaupt hält. So ist die Großherzigkeit, die an dieser Stelle seiner Musik aufscheint, mit ein wenig Traurigkeit über die Zukunft übermalt, und das ist in seiner Musik immer wieder so; das macht sie auch so großartig. Und dann denken die beiden wieder daran, daß sie bald Abschied

Die Stradivari »Cathedrale«, die mich vier wichtige Jahre hindurch begleitete.
(Foto: EMI/Tobi Corney)

Doug Ellis macht mich zum stolzen Besitzer einer Ehrenaktie von Aston Villa.
(Foto: Terry Weir)

Mit Graham Taylor, dem damaligen Manager von Aston Villa. (Foto: Terry Weir)

Ich habe soeben den Preis der BPI für die beste Klassik-Aufnahme des Jahres aus der Hand von Sir Georg Solti erhalten; Noël Edmonds schaut uns zu. (Foto: Doug McKenzie)

Ein Meilenstein: Mit meinem Dirigenten Vernon Handley, nachdem uns gerade der Preis von »Gramophone« für die beste Schallplatte des Jahres für das Violinkonzert von Elgar überreicht worden ist. (Foto: Doug McKenzie)

Unterzeichnung des Schallplattenvertrages mit EMI. Von links nach rechts: Rupert Perry, Generaldirektor von EMI; Richard Lyttelton, Präsident von EMI Classics; sitzend: Jim Fifield, World-Wide-Präsident und Generalbevollmächtigter. (Foto: EMI/Steve Hickey)

Vollkommene Harmonie: Die beiden Teams von EMI Holland überreichen mir einträchtig die doppelte Platin-Schallplatte. So kommen Klassik- und Popabteilung auf natürliche Weise zusammen. (Foto: EMI Holland/Roy Tee)

nehmen muß. Noch einmal genießen sie das Glück ihres Zusammenseins, und zum Schluß ist zu sehen, wie die Frau weggeht, vielleicht mit dem Zug abfährt, und er von der Wiese aus dem davonfahrenden Zug nachblickt. Es ist die Art, wie ein Mann seine Gefühle ausdrückt; bei Elgar sind die Gefühle immer etwas zurückgehalten. Es sind zwar tiefe Gefühle, aber immer überdeckt durch eine Spur von Zurückhaltung, wie das eher bei Männern vorkommt als bei Frauen.«

Dank etlichen Leuten und harter Arbeit haben sich meine Träume, klassische Musik über Videos und Filme zu vermitteln, realisieren lassen. Ja, ich habe damit sogar eine bedeutende Auszeichnung gewonnen. Und es gibt einen weiteren Grund, weshalb ich das alles soeben zu Papier gebracht habe, obwohl ich die Musik ja hier nicht dazu vorspielen kann. Läßt man für einen Moment außer acht, wer dies geschrieben hat und was für ein flüchtiges Bild die Skizze nur abgibt, so bekommt man doch einen Einblick in Elgars Gedankenwelt und das, was ihn bewegt hat. Obwohl es sich nur um eine grob umrissene Einführung handelt, kommt man seiner Musik doch ein kleines Stück näher. Das Publikum erhält sehr wenige hilfreiche Signale dieser Art, sofern es nicht von sich aus auf weiterführende Literatur zurückgreift. Vor einigen Jahren hat Ken Russell das Leben einiger Komponisten für die BBC-Serie *Omnibus* auf eine ganz ungewöhnliche Art dargestellt. Seine Arbeit wurde zwar hin und wieder als etwas gar zu phantasievoll kritisiert, aber es ist ihm immerhin gelungen, viele Empfindungen der Komponisten direkt zum Publikum rüberzubringen. Davon hatten alle was, und es war tausendmal wirkungsvoller als die meisten Sendungen akademischer Machart über Kunst. Jedesmal, wenn ich Elgar höre, sehe ich die eindringlichen Bilder von Malvern Hills aus Russells Sendung vor mir. Das Freisetzen der Phantasie, das Wahrzeichen der klassischen Musik, wird stets eine individuelle Sache bleiben. Was die Kreativität betrifft, so existiert zweierlei Maß: das der klassischen und das der

Popmusik sind meilenweit voneinander entfernt. Sie können nur dann von der Musikindustrie ins rechte Verhältnis gebracht werden, wenn diese für beide Bereiche die gleichen Voraussetzungen schafft, sie zu genießen und zu verbreiten. Das einzige äußere Kriterium dafür sollte die Qualität sein.

5
Schubladen und Schublädchen

Ich lasse mich ungern in eine Schublade packen. Ich finde im Gegenteil, Schubladen sind dazu da, daß man sie aufmacht. »Offen gesagt, ich hoffe, daß der Rundfunk und das sprechende Bild sich weiterentwickeln. Ich würde sie gern nutzen – jeder echte Künstler würde das tun. Künstler sind dazu berufen, sich an die Massen zu wenden. Wozu sollten sie sonst gut sein, außer für die Theorie, wenn sie ihre Kunst nicht den Massen präsentierten?«

So in etwa hat sich 1929 der hervorragende Geiger Fritz Kreisler geäußert. Damals handelte er sich damit die Kritik »seriöser« Kritiker ein, die ihn seiner Popularität wegen nicht für ganz so »seriös« hielten wie andere bekannte Virtuosen seiner Zeit. Die ausverkauften Konzerte und das Vermächtnis seiner Platten haben die Snobs widerlegt. Daß einer wie ich heute akzeptiert wird, geht vermutlich auf sein Beispiel zurück: Nur ein ausgesprochen dämlicher »seriöser« Schreiberling könnte sich erdreisten, mein Renommee als Künstler in Zweifel zu ziehen, bloß weil ich populär bin, denn er hätte sofort Kreislers über sechzig Jahre altes Beispiel drohend vor Augen. Es waren denn auch nur zwei blöd genug, es dennoch zu tun. Ich möchte mich bei allen bedanken, die mich unterstützt haben, als ich es besonders nötig hatte, und die ihre Meinung nicht geändert haben, als ich einen Bestseller landete. Meine Musikerkollegen versichern mir, daß ich viel besser spiele als damals, als ich die »seriösen« Preise gewann, und ich werde mich weiter um künstlerische Vervollkommnung und gleichzeitig um den Kontakt zu möglichst vielen Menschen bemühen.

Wie sehen nun diese Schubladen aus, diese geistigen Beschränkungen, die für die kulturellen Kriechgänger so attraktiv und für uns so widerwärtig sind? Kreislers Liste können wir bloß erahnen. Aber mir bietet dieses Buch jetzt endlich eine phänomenale Gelegenheit dafür, all die Scheißklischees aufzuzählen, mit denen man mich jagen kann:

1. Daß man aufgrund der Architektur des Hauses, in dem ich zur Welt kam, sowie des Akzents meiner Eltern von mir eine bestimmte Sprache und ein bestimmtes Verhalten erwartet. Daß ich zu einem affektierten Getue verdonnert werde, weil ich ein »klassischer« Musiker bin. Was für ein Scheiß! Mein Vater verschwand, noch bevor ich geboren war, und von meinem siebten Lebensjahr an übte nicht mehr das Elternhaus den bedeutendsten Einfluß auf mich aus, sondern das Internat. Wie alle andern bin auch ich natürlich zum Teil ein Produkt meiner Umgebung. Aber das waren eben die Schulen hier und in New York, Jazzkeller und Nachtklubs, Fußballstadien und Konzertpodien. Warum, zum Teufel, erwartet man dann von mir Verhaltensweisen, mit denen ich nur in den ersten Lebensjahren in Berührung kam?

2. Vor hundert Jahren war es an der Tagesordnung, ja wurde es geradezu erwartet, daß ein Sologeiger sich handfest auf das, was er tat, einließ. Ob es sich um Brahms oder Beethoven handelte, man erwartete von ihm eigenständige Soli, Kadenzen, die zu der Komposition paßten und für die die Komponisten eigens in der Partitur Platz frei ließen. Heute dagegen scheint es besonders wichtig zu sein, immer wieder das Solo eines längst verstorbenen Geigers nachzubeten. Man runzelt die Stirn, wenn jemand in der alten Weise verfährt, das heißt, eine eigene Kadenz komponiert oder spielt. Nun, mit der Unterstützung von Klaus Tennstedt habe ich beim kürzlich mit den Londoner Philharmonikern aufgenommenen Brahms-Konzert gewagt, den entsprechenden Freiraum mit meiner eigenen Arbeit zu füllen. Darauf bin ich stolz, vor allen Dingen darauf, daß ich wiederzubeleben versucht habe, was zu Lebzeiten des Komponisten gängige Praxis war.

3. Frauen dürfen auf dem Konzertpodium bis zu einem gewissen Grad tragen, was sie wollen, während alle Männer immer in die gleichen Klamotten gezwängt werden. Hier zweierlei Maß anzulegen ist völlig falsch, und es überrascht keineswegs, wenn das Publikum die männlichen Orchestermitglieder kaum als Individuen wahrnimmt, solange das Management bestimmt, daß sie allesamt auf der Bühne gleich gekleidet sind.

4. Die Regeln für »Ernsthaftigkeit« auf dem Konzertpodium: Es gilt als unschicklich, wenn dir beim Spielen anzusehen ist, daß dir das Spielen Spaß macht. Sorge dafür, daß du stets aussiehst, als träumtest du von etwas gänzlich anderem. Lächle nie, niemals, und unterhalte dich auf gar keinen Fall mit dem Publikum. Wer denkt sich bloß all diesen Scheiß aus?

5. Es steht offenbar geschrieben, daß »seriöse« klassische Geiger entweder Juden zu sein haben oder aus dem Osten kommen müssen. Das erleichtert es der »seriösen« Musikkritik ungemein, die Stars der nächsten Generation aufzuspüren. Wer das für leicht paranoid hält, sollte sich einmal die Mühe machen, die Ausnahmen aufzuzählen.

6. Als Fußballfan sollte man sich – wenn man es denn schon nicht lassen kann – höchstens auf eine lockere Verbindung zu einer todsicheren Super-Top-Mannschaft beschränken; im Idealfall hat sie mindestens einen Superstar, dessen Name allen bekannt ist. Sich für eine Mannschaft außerhalb der Hauptstadt zu interessieren, ist nur in Ausnahmefällen erwünscht.

7. Es ist lebenswichtig für alle, die etwas mit klassischer Musik am Hut haben, dem Dirigenten hingebungsvolle Liebe und Respekt zu bezeugen, ganz gleich, was man tatsächlich für ihn empfindet oder von seinen Fähigkeiten hält. Sämtliche Gespräche über »seriöse« Musik hinter den Kulissen sollten unmißverständlich klarstellen, daß man der Meinung ist, Symphonien, Opern und Quartette seien die bedeutendsten Sparten der »richtigen« Musik. Der Respekt, den du als Rockmusiker dieser Musik gegen-

über bezeugen mußt, drückt sich darin aus, daß du dich fortan und allezeit vor der grenzenlosen Weisheit deines Plattenproduzenten zu verneigen hast, obwohl der bei kaum einer Aufnahmesitzung anwesend ist, denn er ist dein Gott, und selbst wenn er alles, was an dir individuell ist, aus deiner Nummer rauspreßt, sei stets des Glückes eingedenk, daß er seine Hand über dich hält.

8. Berühmt zu werden setzt voraus, daß du irgendwann im Verlauf deiner glorreichen Karriere der Welt deine geheimsten Anliegen verkündest und in tiefsinnigen Plädoyers alle andern dazu aufforderst, dir darin zu folgen, um die Welt für uns alle angenehmer zu machen. Solltest du das Pech haben, im Anschluß an ein Interview mit einem andern Star dranzukommen, und man deine Sache gerade eben ausgewalzt hat, wechselst du ganz einfach zu was anderm über. Es hängt alles nur davon ab, so glaubwürdig zu wirken, daß das Publikum dir das abnimmt.

9. Zu den unerläßlichen Dingen für einen gelungenen Auftritt in einer Talk-Show gehört die Bereitschaft einzugestehen, daß du soeben dem Alkohol entronnen bist, was glücklicherweise keines Beweises bedarf, um sympathisch zu wirken, und dir Respekt vor solch tapferer Offenheit verschafft; des weiteren zu bekräftigen, wie sehr du deine Kinder liebst – was du schließlich bis in die neunziger Jahre weitgehend verschwiegen hast – sowie einen geeigneten Vorrat an lohnenden Geschichten über deine Wohltätigkeit bereitzuhalten. Um das zu unterstreichen, darfst du dir mindestens einen beschissenen Auftritt bei einer solchen Mega-Wohltätigkeitsveranstaltung erlauben. Selbst wenn du mit deinem Auftritt dort kaum die erste Runde eines Talentwettbewerbs überstehen würdest, wird kein Arsch dich kritisieren, da du dich doch so freundlich erboten hast.

10. Je bekannter du wirst, desto wichtiger wird es, daß du dich mit dem richtigen Auto sehen läßt und mit der richtigen Kleidung Eindruck schindest. Ohne diese einfachen Grundvoraussetzungen wird deine glänzende Karriere stagnieren, noch bevor du

den entscheidenden Sprung ins Establishment geschafft hast, und seine Institutionen werden dir verschlossen bleiben.

11. Vielleicht fällt dir nach all der jahrelangen Schinderei diese Regel besonders schwer, nach der du vor Dankbarkeit niedersinken sollst, sobald irgendein Machtprotz dir fünf Minuten seiner kostbaren Zeit widmet, um sich über deine Karriereaussichten auszulassen, und dann eine Richtung vorgibt, die du schon vor Jahren als unbrauchbar verworfen hast.

Sicher, man kann sich leicht über das Establishment und seine Marotten lustig machen, aber es lauern da durchaus Gefahren. Während du hinter deinem Fortschritt her bist, können dir nur zu leicht die wirklich wichtigen Elemente aus den Augen geraten, die dich von andern unterscheiden. Es schadet nichts, das Establishment in jeder Beziehung zu durchschauen, solange du nur deine eigene Identität, deine eigenen Überzeugungen dabei bewahrst. Aus Briefen und aus Gesprächen hinter den Kulissen weiß ich, daß so manche Musikstudierende von der Art, wie ich die Dinge angegangen bin, beeindruckt sind. Das ist großartig, falls es ihre eigenen Ambitionen fördert; die lautere Wahrheit ist allerdings, daß ich seit dreißig Jahren spiele und lerne und daß modern zu sein allein diese elementare Ausbildung niemals ersetzen kann. Wenn ich in irgendeiner Weise für die nächste Generation Vorbild sein möchte, dann darin, zu zeigen, daß auch Platz ist für das Individuum, für den oder die eine, die anders empfinden als der Rest der Klasse. Laßt euch niemals von den Vorstellungen eurer Lehrer oder Lehrerinnen einengen. Wenn ich ins Publikum schaue, dann könnte ich in ihm leicht nur die kompakte, gleichförmige Masse sehen. Aber dann fällt mir wieder ein, daß es nicht das Publikum, sondern eine Lehrerin war, der es nicht paßte, daß ich mein Jackett auszog. Nicht alle Leute nippen nach einem Konzert zu Hause ehrfürchtig neben einer Mozartbüste an einem Sherry. In ihren Schallplattensammlungen stehen auch Jazz-, Rock- und Pop-Platten; der schwarze Anzug und das lange

Abendkleid hängen neben Nietenjacke und Jeans. Die Beschränktheit geht nie vom Publikum aus; es sind vielmehr die engen Grenzen des Unterrichts und der etablierten Verhaltensweisen, die vieles unterdrücken. Lernt alles, was es zu lernen gibt, aber gebt niemals eure eigenen Ziele auf! Das mag vielleicht nicht der übliche Zugang zur Musik sein, aber es warten riesige Massen auf gute Musik von Leuten, denen man ansieht, daß sie wissen, was sie tun. Denkt auch an Kreisler, der vor über sechzig Jahren schon die Faszination erkannte, die darin liegt, Schubladen zu öffnen, statt sich in sie einordnen und kontrollieren zu lassen. Sei, wie du bist – aber mach es auch wirklich gut.

6
Von bleibendem Wert

Über die letzten paar Jahre hinweg habe ich an Profil gewonnen, und dadurch haben sich in meinem Leben einige Dinge verändert. Ein buchstäblich auf Jahre hinaus voller Terminkalender läßt einen kaum noch einen Hauch wirklicher Freiheit spüren, und angesichts dieser Arbeitslast sind die Tage unweigerlich von der täglichen Routine bestimmt. An dieser hat sich denn auch seither kaum etwas geändert – sieht man mal ab von der Größe der Schauplätze, der Umsätze und solchen Sachen. Allerdings macht es sich im Alltag, beim Einkaufen, Herumfahren, im Umgang mit Familie und Freunden, deutlich bemerkbar. Plötzlich schneien eine Menge Freunde ins Haus und Einladungen von Leuten, von denen man noch nie etwas gehört hat. Außerdem ist überall die geheime Erwartung spürbar, man müsse sich irgendwie verändert haben, sozusagen größer geworden sein als das Leben, doch zwischen Villa, guten Freunden, Currys und dem häuslichen Leben besteht kaum die Gefahr, daß ich mich grundsätzlich ändere. Schließlich haben diverse Lehrer und Ratgeber in meinem Leben bereits versucht, mich zu ändern, doch nur mit mäßigem Erfolg. Und obwohl über mein In-der-Welt-Herumjagen zum Teil die tollsten Dinge zu lesen sind, ist mein Statusdenken noch nicht einmal so weit gediehen, daß ich mich für den Erwerb eines geeigneten »Status«-Autos interessiere. Wenn man beiläufig erwähnt, man fahre einen BMW, sind natürlich immer ein paar Leute um einen rum, die sich für besonders cool halten. Würden sie meinen aber sehen, wäre es ganz was anderes. Als er vor kurzem wieder einmal bockte, überlegten wir uns ernsthaft, ihn an Ort und Stelle liegenzulassen – sozusagen. Der Vorfall ereignete sich direkt vor der Stadthalle von Birmingham, wo ich an dem Abend auftrat; aber leider wollte man ihn dort nicht! Er hat mittlerweile einige Jährchen auf dem Buckel, und jedes Instrument der Armatur kann sein Abenteuerchen erzählen. Natürlich weiß ich, daß dieser Wagen eins der ersten Statussymbole ist, die man sich anschafft, aber mir bedeutet das nun mal nicht viel. Da ich so häufig im Ausland bin, wäre das ohnehin reine Verschwendung.

Für mich hat es in den letzten vier Jahren nur ein Ziel gegeben, einen Traum, dem ich trotz größter Anstrengung keinen Schritt näherzukommen schien: meine eigene Geige zu besitzen. Das klingt, als wäre es ein einfach zu erfüllender und natürlicher Wunsch, aber das ist keineswegs der Fall. Seiner Realisierung standen zwei fast unüberwindliche Hindernisse im Weg: der astronomische Preis wertvoller Geigen und die Tradition, daß Virtuosen sich jahrelang schinden müssen, bevor ihnen genügend Reife für ein angemessenes Einkommen zugestanden wird. Weil das, was ich tue, als eine edle und wertvolle Kunst gilt, darf es auf keinen Fall mit kommerziellen Erwägungen in Berührung kommen. Man kann auf ein Arbeitsjahr gespickt mit Schallplattenaufnahmen und Hunderten von Konzerten zurückschauen und dennoch, und nur wenn man wirklich Glück hat, auf dem Papier gerade soviel in Händen halten, wie es etwa den Kosten für ein durchschnittliches Pop-Videoclip entspricht. Wenn man alle Grundkosten für das Jahr abzieht, muß man jeden weiteren Kauf sorgfältig bedenken – von den erforderlichen Hunderttausenden für eine wertvolle Geige kann dann schon gar keine Rede mehr sein. Aber ich weiß natürlich, daß man es kaum als guten Stil empfindet, über so etwas zu jammern.

Auftritte in klassischen Konzerten bringen den Solisten im großen und ganzen nicht viel ein. Sie werden zu neunundneunzig Prozent von Orchestern veranstaltet, denen offensichtlich mehr an der Werbung für sich selbst oder für die Dirigenten liegt, die ja im Grunde nichts anderes als die höchstdotierten Angestellten der Orchester sind. Leider gibt sich aber das Publikum in der Regel selten mit reinen Symphoniekonzerten zufrieden; man wünscht den persönlichen Kontakt, der sich nur mit Solisten (deren Spiel rauszuhören interessant ist) herstellen läßt. Diese projizieren ihren persönlichen Charakter auf die Zuhörerschaft und sitzen nicht einfach mitten in einer großen Gruppe, die dem Publikum auch noch den Rücken zukehrt. Dann aber verhindern der Egoismus und die Eigeninteressen von Dirigent und Orchester eine einfühlsame und umsichtige Programmplanung, so daß zum Beispiel so gewaltige Werke wie das fünfzigminütige Elgar-Konzert in die erste Hälfte reingequetscht werden, nur damit das Orchester in der zweiten Hälfte des Konzerts eine Symphonie zum besten geben kann. Da diese künstlerischen/kommerziellen Prioritäten bestehen, und strenge gewerkschaftliche Auflagen festlegen, wieviel jedes Mitglied des Orchesters bekommt, kann das Orchester nur überleben, wenn die Solisten möglichst wenig bekommen. Das wird auch keinen Deut besser, wenn ein Veranstalter von Klassikkonzerten das Geschäft übernimmt. In London haben die beiden führenden Veranstalter heute meist ein volles Haus und bezahlen den Solisten, über den Daumen gepeilt, 250 Pfund. Es erfordert einiges Können, mit einem großen Londoner Orchester zu spielen. Wenn dies ein- oder zweimal im Jahr klappt, ist das schon ein großer Erfolg für einen jungen Solisten – und dafür im Jahr 500 Pfund! Mit dieser Situation sah ich mich konfrontiert, ich mußte im Grunde für das Spielen noch draufzahlen. Dagegen wäre ja nichts zu sagen gewesen, wäre ich ein typisch britischer/amerikanischer/orientalischer Solist aus einer Familie, die einem ein Apartment und ein erstklassiges Instrument mit auf den Weg gibt. Da ich aber mit nichts in der Tasche anfing und meinen Lebensunterhalt ausschließlich mit meiner Musik bestreiten mußte, war ich von vornherein für viele Jahre in einer völlig anderen Lage – in den roten Zahlen nämlich! Es war keine gute Ausgangsbasis, um an die Anschaffung einer wertvollen Violine zu denken. Hätte mich nicht Charles Beare spielen gehört, an dieses Spiel geglaubt und mir eine anständige Geige geliehen, hätte ich auf einer Zigarrenschachtel spielen müssen. Es ist kein Beruf, in den man mit der Erwartung reinspringt, mit links Ruhm und Reichtum zu ernten. Vor zwei Jahren haben John und ich diese für einen Solisten typische Situation durchdiskutiert. Ich setzte ihm bei der Gelegenheit außerdem auseinander, in welcher Lage ich mich hinsichtlich meiner Geige befand. Uns blieb nur die Hoffnung, daß als Nebenprodukt des mächtigen Schwungs der *Vier Jahreszeiten* Geld abfallen würde, so daß ich die Geige, auf der ich spielte, erwerben könnte. Zweifellos war ich aufgrund von Johns Erfahrung und dem damaligen Stand meiner Karriere, verglichen mit den meisten anderen Geigerinnen und Geigern, die den gleichen Traum träumen, privilegiert; ich spielte auf einer Stradivari! Jede Stradi hat einen eigenen Namen, und die von mir benutzte hieß die »Cathedrale«. Sie ist 1707 in Stradivaris italienischen Werkstätten hergestellt worden und soll aus der Zeit unmittelbar vor seiner sogenannten goldenen Periode stammen. Sogar der große Antonio hat also magere Zeiten gesehen. Die echten Instrumente sind jedenfalls ganz zauberhaft. Er war ein Meister seines Fachs. Jedes Detail wurde sorgfältig bedacht, selbst die Schichten des goldenen Lacks sind für die Klangbildung von Bedeutung.

Schon seit einigen Jahren war klar gewesen, daß ich eine »seriöse« Geige brauchte. Doch obwohl Bestrebungen in Gang waren, den Geigerinnen und Geigern aus aller Herren Länder, darunter auch mittelmäßigen, bedeutende Instrumente zugänglich zu machen, blieb mir dieser Weg verschlossen – schließlich bin ich nur ein Brite. Endlich kaufte 1987 ein privater Sponsor die »Cathedrale« und überließ sie mir zum freien Gebrauch, und trotz ihres rasant steigenden Wertes arbeitete ich einen Finanzierungsplan aus, um vielleicht eines Tages doch noch Besitzer meiner Geige zu werden. Mit diesem Arrangement habe ich ungeheures Glück gehabt, und ich bin dieser Person sehr dankbar (hallo, und nochmals vielen Dank!), die es mir ermöglichte, um die Welt zu reisen und ein Instrument zu spielen, das eigentlich ebensogut als Prunkstück in einer bewachten Glasvitrine in einem Museum hätte stehen können.

Mit etwas sehr Kostbarem zu leben, eröffnet ein neues Feld von Verpflichtungen. So kann sich zum Beispiel ein Temperaturwechsel auf mein Instrument katastrophal auswirken; das gleiche gilt für Feuchtigkeit. An manchen Orten muß ich im Hotelzimmer den ganzen Tag über die Dusche laufen lassen, nur um für die nötige Luftfeuchtigkeit zu sorgen. Auch überhitzte Fernsehstudios werfen gewaltige Probleme auf. Sogar das Reisen selbst ist mit Schwierigkeiten verbunden: Im letzten Jahr trat ich einmal in Honolulu bei ungewöhnlich hoher Luftfeuchtigkeit auf und mußte dann, außer Plan, nach Italien fliegen, um am folgenden Tag bei einer großen Preisverleihung im Fernsehen mitzumachen. Ich war darauf nicht gerade erpicht, aber meine Hauptsorge war doch die, in so kurzer Zeit die Feuchtigkeitsverhältnisse für meine Geige stufenweise umzustellen. Sie wurde versiegelt befördert, und das italienische Hotel hatte Luftbefeuchter auf- und schon lange vor meiner Landung angestellt. Dazu war noch ein weiterer Wechsel zu bewältigen: aus dem sorgfältig angepaßten Hotelzimmer auf die Fernsehbühne mit ihrer trockenen Hitze und all der Beleuchtung.

Nun ja, zurück zur Geschichte: Zu den Hauptbedingungen dieses Leih-/Verkaufsarrangements gehörte, daß die Geige jedes Jahr neu geschätzt werden sollte, in der Regel im Spätsommer. Ich hatte bis jetzt soviel bezahlt, wie ich erübrigen konnte, doch bei jedem weiteren sommerlichen Schätztermin wurden auf das Instrument zehntausende Pfund zusätzlich draufgeschlagen, dadurch geriet es immer mehr aus meiner Reichweite. Noch im ersten Jahr unserer Zusammenarbeit, als John und ich den gewal-

tigen Wirbel mit den *Jahreszeiten* entfachten, standen bei mir
Konzertverpflichtungen an, die bereits zwei Jahre davor ausge-
handelt worden waren, und kaum jemand erwartete Verkaufszahlen, wie er sie anvisierte. Die Situation sah recht düster aus, und
ich fragte mich oft, wie um alles in der Welt andere Geiger, die gerade die ersten Gehversuche ihrer Karriere unternahmen, je auf
ein eigenes gutes Instrument hoffen konnten – wenn nicht einmal
ich es konnte, da ich doch geradezu ein Glückspilz war. Es zeichnete sich immer deutlicher ab, daß es nur noch eine Möglichkeit
gab, die davongaloppierende Schätzung in den Griff zu kriegen:
einen privaten Kreuzzug zu veranstalten, um das Instrument zu
erwerben.

Die fragliche Summe war so immens, daß man sie auf keinen
Fall in einem Anlauf aufbringen konnte, und einen Kredit in solcher Höhe aufzunehmen – ohnehin nicht ratsam – wäre ohne
deutliche Anzeichen für zu erwartende größere Einkünfte (für einen Geiger keineswegs eine Selbstverständlichkeit) schlichtweg
unmöglich gewesen. Da mußte Dampf gemacht werden. Die
Platte lief jetzt schon einige Zeit und behauptete immer noch den
ersten Platz auf den Bestsellerlisten von klassischen Aufnahmen.
Noch wichtiger war, daß unsere Fernsehsendung gelaufen war
(unterstützt von einer recht anständigen Werbekampagne) und
die *Jahreszeiten* in die Poplisten vorgedrungen waren. Darüber
herrschte allgemeine Verwunderung, da es schon Dutzende von
Versionen dieses Stücks in den Plattenläden und bei den Leuten
daheim gab und die riesige Anzahl von Fans, die sie kauften, sich
so gut wie gar nicht mit der Vorstellung der Plattenfirma von den
Leuten deckte, denen so was gefiel.

Dank einer willkommenen Lücke im Terminkalender konnten
wir uns eine Woche freimachen und stellten eine Reihe von Konzerten mit den *Vier Jahreszeiten* zusammen, zum einen, um unseren Erfolg zu feiern, und zum andern, um genau die ungeheuren Heerscharen von neuen Begeisterten, die mein Album

kauften, als Zielgruppe anzusprechen. Fünf Wochen reichten für die Organisation dieser Konzerte kaum hin, und da Veranstalter von Klassik-Konzerten auf Jahre und nicht Wochen planen, schaltete John die Konzertagentur Barry Clayman ein, die ansonsten eher mit Prince und Michael Jackson zusammenarbeitete. In diesen wenigen Wochen versuchten wir neue Grundlagen für die Präsentation zu entwerfen. Wir nutzten jetzt eine ganz subtile Schallverstärkung, die die Dynamik fast unmerklich steigerte und ausglich, ohne den natürlichen Klang, der vom Konzertpodium zu hören ist, zu verzerren. Wir setzten eine Rock'n'Roll-Beleuchtungsmannschaft samt ihrer Ausrüstung ein, gestatteten ihr aber während des ganzen Konzertes nur vier Beleuchtungswechsel. Wieder erschlossen wir ein Feld, das für das professionelle Team neu war.

Wir mußten uns mit den Konzertsälen zufriedengeben, die kurzfristig frei waren; immerhin bekamen wir ein paar sehr gute, unter anderem die Albert Hall. Die Eintrittskarten gingen weg wie warme Semmeln, was schon mal ganz gut war. Aber in erster Linie konzentrierten sich unsere Gedanken auf die Gestaltung der Show, da die meisten Zuschauer mit Sicherheit Konzertneulinge waren, die höchstwahrscheinlich unser Fernseh-Special gesehen hatten. Mir liegt sehr viel daran, daß die Leute auf ihre Kosten kommen und gern wiederkommen, zum Beispiel bei einem andern Programm. Wir machten also aus, die Bühne nicht so gnadenlos auszuleuchten wie bei der Fernsehsendung, sondern jeder Jahreszeit eine andere Stimmung unterzulegen. Den Winter in blaues Licht zu tauchen, ist schließlich kein großes Verbrechen. Wir verstärkten den Klang geringfügig und – für die Traditionalisten beinahe ebenso kühn – dämpften die Beleuchtung im Saal, was das ewige Prahlen mit den Rolex-Uhren vielleicht etwas einschränkte, zumindest aber die Aufmerksamkeit auf die Bühne lenkte. Denn ein Haufen von Musikanten, die stundenlang so ziemlich ruhig dasitzen, ist ja schließlich nicht gerade ein natürlicher Brennpunkt. Wir wollten keineswegs bloß schickimicki sein, aber Vivaldi beschreibt die Jahreszeiten so unglaublich eindringlich, die Komposition gehört in Wahrheit zur Programmmusik. Ich versuche seine Empfindung zu betonen, die ungeheure Öde des Winters *(The Sankei* drückte das in einer japanischen Besprechung viel treffender aus: »Bei der Darstellung des Winters spürt man die eiskalte Luft, und bei der Charakterisierung des Sommers kann man den Sonnenglast förmlich sehen. Anders ausgedrückt: Seine Musik ist viel mehr als nur ein Konzert, sie spricht die Zuhörer über die in ihr liegenden Empfindungen direkt an, so daß die verschiedenen Szenen der wechselnden Jahreszeiten lebhaft vor Augen geführt werden.«) So betrachtet, erschien es nicht als Sakrileg, während des Winters kaltes Licht über das Orchester zu breiten, es ließ das Publikum und vor allem das Orchester unmittelbar spüren, worum es Vivaldi ging. Der Verstoß wurde natürlich von ein paar Hinterbänklern registriert.

Diese Konzerte machten gleichzeitig enorm viel Spaß und kamen ausgezeichnet an. Wir lernten uns alle kennen und nahmen was Gutes nach Hause mit. Das war natürlich auch ganz positiv für das Geschäft. Aber mich reizte daran besonders, daß wir wie eine richtige Rockband auf Tournee gingen. Jeden Abend dieselben Leute für die Beleuchtung und die Tonmischung und das Management, dieselben Musiker und die gleiche Musik. Das hört sich vielleicht für Außenstehende nicht gerade berauschend an, doch für einen, der sich täglich auf die unterschiedlichsten Orchester, Konzertsäle und Musikstücke einstellen muß, ist das wundervoll. Nach einigen Vorstellungen hörte ich, daß die Musiker hinter den Kulissen miteinander ins Gespräch kamen. Alle machten sie neue Erfahrungen; das spürten auch die Leute in den berstend vollen Sälen. Musik und Darbietung entwickelten sich weiter, denn Konzert um Konzert verglichen wir miteinander, wir feilten daran herum und suchten jedes einzelne Element zu verbessern. Das Publikum verdient diese Aufmerksamkeit, doch bei den üblichen einmaligen, steifen Klassikveranstaltungen unterbleiben derlei Dinge. Wieder hatte ich eine Schranke durchbrochen; aber da mein Terminkalender überquillt, muß es leider so lange bei diesem einmaligen Versuch bleiben, bis die alten Verpflichtungen eingelöst sind. Da wir einen Pop-Promoter engagiert hatten, legten uns viele Popveranstalter nahe, Erinnerungsbroschüren herauszugeben. Die vergleichbaren etablierten klassischen Veranstalter witterten ebenfalls ein gutes Geschäft. Aber wir wollten das Publikum nicht mit endlosen Reklameseiten für Banken und Kreditkarten, Aperitifs und Luxusuhren ködern. Wir wollten mit diesem Heer frisch Entflammter, die uns jetzt weiterhalfen, echt Freundschaft schließen. Wir brauchten die Seiten, um uns ohne Umschweife über die Musik des Abends zu äußern, darüber, wie John und ich uns fühlten, und auch über die anderen Aufnahmen, die mir gefielen. Und deshalb entschlossen wir uns zu dem ungewöhnlichen Schritt, selbst zu veröffentlichen, was ganz toll ankam – wir hatten einen reißenden Absatz. Gleichzeitig wurden mir mehrere Vorschläge für eine Buchveröffentlichung angetragen.

Als im Verlauf der nächsten Monate der Absatz der Platten in die Hunderttausende kletterte, konnten wir allmählich abschätzen, was bei dem Album schließlich herausspringen würde. Leider brachten uns diese Monate auch der Neuschätzung der Geige näher. Die diversen Angebote für ein Buch waren eine unglaubliche Versuchung, denn sie hätten mich mit einem Batzen Geld sofort der Stradi um etliches näher gebracht. Aber ich befand mich in einer heiklen Situation, solange wir mitten in dem Versuch steckten, die restriktiven Schranken der klassischen Musik zu durchbrechen. Auch nur die kleinste Fehlkalkulation hätte denen, die sich über uns ärgerten, die Schußlinie freigegeben. Ein sensationslüstern aufgemachtes Buch hätte diesen freiwilligen Puristen genau die Munition geliefert, auf die sie warteten. Da wir mit der hausgemachten Minitournee und den *Jahreszei-*

ten so erfolgreich gewesen waren, peilten wir für den Sommer ein Konzert im Freien an. Wir wollten es unmittelbar vor dem drohend über uns hängenden Schätzungstermin für die Geige ansetzen; außerdem versprachen wir uns von einem solch lockeren, zwanglosen Ereignis einigen Spaß. Gegen Ende des Frühjahrs sind alle Zeitungen voll mit Geschichten über die sogenannte »gesellige Jahreszeit«. Minderheiten und ausgeflippte Typen zeigen sich auf Festen und Feiern, lassen sich beim Erdbeerenessen fotografieren, tragen Sonnenhüte und Fräcke und geben sich locker kunstbeflissen. Das war was für uns. Lassen wir doch an einem netten Plätzchen ein großes Ding hochgehen, bei guter Bewirtung und noch besserer Musik.

So kamen wir auf das Projekt Crystal Palace. Und erneut lästerten die Puristen. Aber wir setzten auf dasselbe Team wie im Frühjahr und nahmen noch das Chilingririan-Quartett dazu, eines der besten der Welt. Obwohl der Spaß mitten in die Schulferien fiel, waren die Karten sofort ausverkauft. Wir hatten uns auf nur zwei Preisklassen beschränkt: eine normale zu 16 Pfund – dafür konnte man das English Chamber Orchestra und das Chilingirian hören, die das Bruch-Konzert und die *Jahreszeiten* mit mir spielten (mit den übrigen Stücken zusammen dauerte das Konzert etwa vier Stunden) – und eine zweite zu 55 Pfund für diejenigen, die sich von dem Sommerereignis rundum nichts entgehen lassen wollten. Für die Bewirtung stellten wir eine ganze Zeltstadt auf und am Seeufer Liegestühle für den Gig. Die Ortsbehörde nahm alles ziemlich genau. Nachdem wir alle Nobelkarten gleich nach der ersten Ankündigung verkauft hatten, versuchten wir noch weitere genehmigt zu bekommen. Schließlich sagten sie uns viermal soviel zu wie ursprünglich vorgesehen, was die Zulieferer heißlaufen ließ. Das heißt aber noch lange nicht, daß alle, die eine Karte haben wollten, auch eine bekommen hätten. Da in der Folge nicht mehr als 20 000 Menschen zugelassen wurden, waren wir recht bald ausverkauft. Dann aber wurden uns achtundvierzig Stunden vor dem Konzert nochmals siebzehn Beschränkungen auferlegt, so durften keine Behelfsstühle aufgestellt oder Speisen und Getränke mitgebracht werden. Zu diesem späten Zeitpunkt konnten wir dagegen nichts mehr unternehmen und bissen enttäuscht die Zähne aufeinander. Als der Tag schließlich da war, sollte es der verregnetste des ganzen Sommers sein. In der Nähe wurde die M 25 überflutet; es war schrecklich. An diesem Tag schufteten um die sechshundert Leute für uns, und John geriet begreiflicherweise von allen Seiten unter Druck. Für mich hatte man behelfsmäßig einen Platz abgeteilt, eine Art Patio, in dem man Tische, Stühle und eine kleine Bar aufgestellt hatte, damit ich meine Freunde später bewirten konnte. Dann stand auch noch der riesige amerikanische Camper da, der noch vor kurzem einem Filmstar als Garderobe gedient hatte und auf dessen Dach der Regen unablässig herabtrommelte. Wir warteten – Brixie, ich und manchmal John und seine Frau Julia, die die gastliche Seite für die rund zweitausend VIPs organisiert hatte. Es hörte nicht auf. Mehrmals an diesem Tag diskutierten wir ausführlich, ob wir nicht alles abblasen sollten. Die Wetterwarte versprach indes immer noch eine Aufhellung. Die Bedingungen gingen allen auf die Nerven, denn für die Verstärkermannschaft waren Tonproben unerläßlich, und ein so gewaltiges Musikprogramm erfordert natürlich Proben, es handelte sich schließlich um das größte Ereignis dieser Art in Großbritannien. Aber selbstverständlich verzögerte sich in dieser Situation alles, die Proben ebenso wie alles andere. Letztlich versammelten wir uns aber doch noch alle auf einer pitschnassen Bühne und begannen trotz aller Widrigkeiten mit Bruch.

Ließ man den Blick über das weite Areal der vorbereiteten Arena schweifen, schien ein kleines Stück meines Traums wahr zu werden: 20 000 Fans strömten bereitwillig auf dem Schauplatz zusammen, nur um sich mit guter Musik vollzusaugen, zu guter Letzt würde mir der Durchbruch doch gelingen.

Wieder nichts. Gegen das Ende einer feuchten Probe des Konzerts von Bruch entstand am Bühnenrand eine Unruhe, und gleich nach dem letzten Ton wurde das Orchester abkommandiert, denn die Drei-Stunden-Frist war verstrichen! Daß wir nur schäbige zwanzig Minuten gearbeitet hatten und das Konzert doch der Höhepunkt des Abends werden sollte, kümmerte die Musiker überhaupt nicht. Sie gingen, obwohl sie wußten, daß sie nun vor der historisch wohl einmaligen Kulisse von 20 000 Fans ohne eine einzige vollständige Probe spielen mußten. Mir blutete das Herz, und John sah aus, als würde er gleich einen umbringen. Manchmal wird mir schlagartig klar, warum die Klassik nie einen echten Durchbruch geschafft hat. »Ah!« sagen die Puristen. »Ausgezeichnet. Haltet euch an die Regeln. Ein derartiges Konzert steht euch sowieso nicht an.« Aber Orchester und Solisten müssen kommerzielle Faktoren sein; wir alle müssen für unseren Weg zahlen, denn um finanzielle Unterstützung können wir uns lange die Finger lecken, da gibt es herzlich wenig.

Die offizielle Frist von drei Stunden war also verstrichen. Es zählte bloß, daß geschrieben steht, die Proben beginnen um soundso viel Uhr. Auch wenn das Wetter um diese Zeit so miserabel war, daß alle Welt von nichts anderem sprach. Wenn an diesem Abend ein guteingespieltes Orchester zu hören hätte sein sollen, hätte Gott halt gefälligst seinen Wetterplan darauf einrichten müssen. Nun, wir brachten den Tag auch so irgendwie hinter uns. Zweimal traten John und ich an das winzige Glasfenster an der Rückseite der Bühnen und starrten den entmutigenden Regen an. Warum viele Tausende bereit waren, sich auf nassem Gras und im Morast zusammenzuquetschen und stundenlang zu warten, werde ich wohl nie erfahren. Ich beteuerte nur immer wieder, daß ich, falls es nicht besser werden sollte, unter dem Bühnendach ein paar Solos von Bach spielen würde. Tausende von Leuten da draußen für mich und die Musik! Das war wohl einer der bittersüßesten Augenblicke meiner Karriere. Ich hoffe, daß etliche von euch, die da draußen gelitten haben, dies jetzt lesen, denn ich kann euch gar nicht sagen, wieviel das für mich bedeutete. Ich hätte noch bei Blitz und Donner gespielt, nur um euch alle da unten nicht zu enttäuschen.

Die Zeitungen berichteten wohlwollend und freundlich und verwiesen damit jenes unvermeidliche Blatt in die Schranken, das eine eher unkommunikative Dame losgeschickt hatte, die sich die ganze Zeit abseits der übrigen Medienleute hielt und blöde grinste über die, ihrer Meinung nach, bescheuerten Fragen der übrigen Presse. Sie hielt ihren Notizblock dicht unterm Kinn, als müßte sie bei einer Prüfung ihr kostbares Wissen hüten oder sogar Staatsgeheimnisse. Als am Schluß die anderen auf ihre Kosten herumwitzelten, verlangte sie noch Extrawürste, um sich Volkes Stimme anzuhören. Klar deckte sie mit ihrer Zeitung das größte Terrain ab. Sie allein spürte an den Eingangstoren all die Desillusionierten und Pitschnassen auf, ein paar, die wegen irgendwelcher behördlicher Vorschriften ihre Thermosflaschen verloren hatten, und auch diejenigen, die wegen des Lärmes, den die Lieferwagen machten, in der Erfrischungszone oben auf dem Hügel nichts mehr von der Musik mitbekommen hatten. Hätten wir dort Teilnehmer unterbringen wollen, wären natürlich keine Lieferwagen dorthin gekommen. Was dem Lesepublikum entgangen ist: Genau diese Zeitung brachte drei Wochen nach unserem Konzert wieder ein klassisches Konzert von den gleichen Ausmaßen (ganz zufällig betrug der Grundeintritt 18 Pfund) zuwege und sponserte es. Da wir dieselben Verkaufsagenten hatten, waren wir genau im Bild, wie viele Karten verkauft worden waren, nämlich weniger als ein Zwanzigstel der zur Deckung der Unkosten erforderlichen Anzahl. Wir waren daher gar nicht überrascht, als der Star des Abends aus gesundheitlichen Gründen seine Zusage eiligst zurückzog.

Als Fazit aus diesem Konzert ergab sich für uns, daß wir durch die Einnahmen aus ihm und die nunmehr gestiegenen Aussichten auf einen gesunden Scheck aus dem Verkauf von Platten finanziell allmählich Land sahen. Eine Ferguson-Kampagne im Fernsehen und nicht zuletzt dieses Buch hier brachten uns schließlich so weit, daß wir mit dem Eigentümer der Geige in Verhandlung treten konnten. Zwar reichte das Geld bei weitem noch nicht, doch eröffnete der zu erwartende Nachschub die Aussichten auf einen Brückenschlag. Wir einigten uns schließlich auf eine Summe. Die Erfüllung meines Traumes vom eigenen Instrument schien zum Greifen nahe. Doch dazu mußte noch manches Hinterzimmergespräch über die nötigen Kredite geführt werden. Aber während wir die Sache möglichst schnell zum Abschluß bringen wollten, platzte die Bombe. Nicht nur eine, sondern sogar zwei von diesen unglaublich seltenen Stradis standen innerhalb einer Woche in London zur Versteigerung an.

Natürlich trat der Eigentümer der »Cathedrale« sofort von unserem Handel zurück, um in Ruhe abzuwarten, wie sich diese vergleichbaren Violinen auf der Auktion machten. Wegen der Rezession und da ein möglicher Krieg seine Schatten vorauswarf, bestand ein schwacher Hoffnungsschimmer. Immerhin waren Werke impressionistischer Kunst erst wenige Wochen zuvor für die großen Auktionshäuser zu einer riesigen Enttäuschung geworden. Leider gibt es sage und schreibe nur etwa fünfhundert dieser sagenhaften Instrumente auf der Welt, so daß es bei diesen Ereignissen um große Gewinne geht. Nur um den Preis möglichst in die Höhe zu treiben, war eine der Geigen so ziemlich auf der ganzen Welt herumgezeigt worden. Wir waren gerade in der Lage, den gegenwärtigen Preis für die »Cathedrale« zu zahlen. Aber es bestand immer noch die minimale Chance, daß eine der beiden Geigen auf der Auktion durchfiel. Deswegen schickten wir einen Mittelsmann dorthin. John und ich kamen als Besucher nicht in Frage, da wir zu bekannt waren, und so verbrachten wir mit Brixie und ein paar anderen den Abend in der Suite eines Privatclubs. Die Nachrichten hörten sich nicht gut an. Der Preis schoß über unsere Summe hinaus, und immer noch setzten ihm vier oder fünf Bieter nach. Er machte schließlich Hunderttausende über der Summe halt, die wir im äußersten Fall hätten aufbringen können. Alles war verloren. Unsere ganzen Mühen waren vergeblich gewesen. Wir konnten diese Preisspirale einfach nicht aufhalten. Natürlich war auch mein Sponsor dabei gewesen. In dieser halben Stunde war der Wert der »Cathedrale« wie eine Rakete in die Höhe geschossen und der vorher ausgehandelte Preis jetzt nur noch Geschichte. Die Zeit verstrich, bis endlich die Nachricht ins Haus geflattert kam, die Violine müsse dem rechtmäßigen Eigentümer überstellt werden. Nun war nicht nur der Traum vom Kauf der Geige dahin, sondern ich verlor sie gänzlich, durfte nicht einmal mehr damit auftreten. Der endgültige Abschied war für den Januar festgelegt. Meinem Gönner grollte ich nicht allzusehr, immerhin hatte ich die Geige vier Jahre ohne eine Auflage spielen dürfen. Nein, die Tragödie lag in der rauhen Wirklichkeit, daß Meisterwerke, die gebaut wurden, damit auf ihnen wunderschöne Töne erzeugt werden, von Investoren mit Beschlag belegt werden, die sie zu einer Sache für den Banksafe degradieren. Wir waren alle in die typische Spirale kapitalistischer Gier geraten.

Jetzt befanden wir uns in einer echten Krise. Ich konnte gerade noch bei den Veranstaltungen mit dem Scottish National Orchestra auftreten; dann war es mit dieser Gunst endgültig vorbei. Ich brauchte unbedingt eine Geige. Die Auktionen hatten jedoch soeben bewiesen, daß meine finanziellen Möglichkeiten dafür nicht ausreichten. Makler und Kenner versuchten alles Erdenkliche, um etwas Geeignetes zu finden, doch ohne Erfolg. Irgend etwas schien irgendwo in den USA möglich zu sein. Nach vielen Verhandlungen wurde eine neue Summe für die »Cathedrale« genannt, die aber immer noch irrsinnig hoch war, und da wir schon beim ersten Mal nicht ans Ziel gelangt waren, wollten wir uns gerade zu diesem Zeitpunkt nicht auf diesen Handel allein verlassen.

Bei der Geige in Amerika handelte es sich um eine Guarneri.

Diese Violinen sind der Öffentlichkeit nicht so bekannt, aber beinahe noch aufregender. Giuseppe Guarneri del Gesù war ein Zeitgenosse Stradivaris und hat seine wundervollen Stücke in Cremona gebaut. Die Wahl zwischen den Violinen dieser beiden berühmten Geigenbauer ist eine Frage des persönlichen Geschmacks. Immerhin haben sich die meisten Virtuosen, die ich bewundere, bemüßigt gefühlt, auf eine Guarneri umzusteigen: Heifetz, Stern, Kreisler und Zukerman gehören alle zum Guarneri-Klub. Die fragliche Geige heißt Lafont, nach ihrem ersten Eigentümer, der sie 1736 bekam. Er trat mit ihr bei einem Wettstreit gegen Paganini an, den Lafont zwar verlor, der Paganini jedoch zu der Bemerkung veranlaßte, der Klang der Lafont sei dem seines Instruments überlegen. 1880 ging die Geige in die Hände von Adolf Brodsky über. Brodsky spielte am 4. Dezember 1881 darauf bei der Uraufführung von Tschaikowskys großartigem Violinkonzert. Diese Geige war einfach fabelhaft, und nachdem wir einigen Druck gemacht hatten, wurde sie 1990 zu meinem Konzert nach Oslo eingeflogen. Sie hielt alle Versprechungen und sogar noch mehr – die Tonqualität war erstaunlich, und sie klang viel nuancenreicher als die Stradi. Das Instrument war schlanker und schmiegte sich deshalb eleganter an. Das Problem war nur, daß sie noch teurer war als die Stradi. Jammer über Jammer: Nachdem ich gerade gehört hatte, um wieviel die Guarneri besser klang, konnte die »Cathedrale« nur noch zweite Wahl sein, trotz ihres lächerlichen Preisschilds.

Bei energischen Verhandlungen zwischen John und EMI sprangen ganz erstaunliche Einkünfte heraus, denn inzwischen waren fast eine Million Platten verkauft. Der Makler Nigel, meine Anwältin Helen, Johns Anwalt und die Banker taten alle ihr Zeugs dazu, und dann überschlugen sich schließlich die Ereignisse, und was noch vor einem Jahr unvorstellbar erschienen war, geschah, ich kaufte die Stradi, um mit ihr für die Guarneri zu handeln (wobei ich die kapitalistischen Grundsätze ihres früheren

Eigentümers beherzigte und sie teurer verkaufte, als ich sie gekauft hatte!). Welch erhebender Augenblick: seit meinem fünften Lebensjahr spielte ich nun schon Geige; ich hatte gekämpft und mehr oder weniger alle konventionellen Gipfel erklommen, und doch konnte ich erst in diesem Augenblick meine Finger um den Hals einer erstklassigen Geige schließen, die ich mein eigen nennen konnte. Dafür habe ich vielen zu danken: John, der die Sache begonnen hatte und sah, daß sie zu einem guten Ende kam, meinem Ex-Gönner trotz der Preisanstiege, Nigel, der das Biest aufgespürt hatte, Charles Beare für seinen Beistand in harten Zeiten, Anwälten, EMI, Ferguson, Weidenfeld & Nicolson, die zur rechten Zeit zur Stelle waren, und ganz besonders euch allen, die ihr zur Tournee mit den *Jahreszeiten* im Frühjahr 1990 oder in den triefenden Crystal Palace gekommen seid oder aber im Verlauf des Jahres 1990 eine Schallplatte von mir gekauft habt. Die Verkettung der Ereignisse konnte nur aufgrund dieser Erfolgsstationen zustande kommen. DANKE.

Nicht wahr, dies ist eine nette kleine Geschichte? Aber in der Hauptsache geht es eigentlich nicht darum, daß der Punk-Geiger endlich seine eigene Geige bekommen hat. Wenn es schon in meinem Fall all der Hilfe und Aufmerksamkeit in meiner Umgebung bedurft hatte, um an ein gescheites Instrument zu kommen, was um alles in der Welt muß dann erst bei anderen, die in derselben Situation sind, passieren, bei Musikern, die nicht das Glück haben, Stradis zur Verfügung gestellt zu bekommen oder in einem einzigen Jahr Millionen Platten zu verkaufen? Darum geht's. Solche astronomischen Preise hören zu müssen, macht einen krank, und in einer gerechten Welt müßte solchen Machenschaften auf der Stelle Einhalt geboten werden. Doch wie die menschliche Natur nun einmal ist, bleibt dies ein Luftschloß. Ich fände es gut, wenn Künstlerinnen und Künstler, die Geigen kaufen, sie im Laufe der Zeit zu dem Preis verkaufen würden, den sie bezahlt haben, so daß die Instrumente in einem geschlossenen

Kreis von Musikern bleiben und nicht in die Hände von Bankern und Investoren geraten. Das wäre großartig.

Wie sieht es aber jenseits aller Träumerei aus, wie stellt sich die Situation in Wirklichkeit dar, wenn jemand eine gute Geige kaufen will? Klar, daß Stradis und so was für Karriereneulinge nicht zu haben sind, sofern sie keine reichen Freunde haben. Damit will ich nicht sagen, daß es nicht so aussieht, als könnte man nicht für ein Schnäppchen an eine Stradi geraten. Es ist ein regelrechtes Minenfeld, über das Dutzende mit stolzgeschwellter Eigentümerbrust jede Woche mit Instrumenten, die sie für Stradivaris halten, in die großen Auktionshäuser marschieren. In manchen steht dieser Name sogar drin. Aber es handelt sich jeweils praktisch nahezu sicher um Fälschungen, denn es ist genau registriert, wo sich die rund fünfhundert echten Stradivaris befinden. Es hat ein bemerkenswerter Umschwung stattgefunden: Anstatt Kunstfälschungen aufzudecken, versucht man, den an Musik Interessierten ähnlich Schäbiges anzutun. Da dieser Markt recht unverdächtig erscheint, sind potentielle Käufer ihm erst recht ausgeliefert. Da sind zum Beispiel jene Violinen zu nennen, die man absichtlich beschädigt, damit sie alt erscheinen. Dann gibt es die, in denen gefälschte Namen stehen, und es gibt sogar welche, die eine ältere Oberseite haben, um etwas vorzutäuschen. Ein wirklicher Experte durchschaut das allerdings sofort. Ohne die Beratung eines unabhängigen Experten wie etwa Charles Beare in London kann man beim Kauf eines solchen Instruments nie sicher sein. Nur zu wahrscheinlich, daß er einem zuweilen unangenehme Nachrichten eröffnet, aber das ist immer noch viel besser, als für einen beträchtlichen Batzen Geld einer Fälschung aufzusitzen. Man kann natürlich auch immer mal wieder auf eine ältere Geige stoßen, die einen anfleht: »Kauf mich!« Und wenn sie einem liegt und kein Vermögen kostet, kann man damit durchaus glücklich werden. Sowie aber jemand Hinweise auf ihre Herkunft gibt oder sogar ein Schild mit einem gewaltigen Preis dranhängt,

sollte man sofort Charles oder jemanden, der sich ebenso gut aus-
kennt, hinzuziehen, bevor es zu spät ist. Wahrscheinlich ist es
aber eh das Beste, gleich von vornherein eine neue Geige zu kaufen. Sie verfügt vielleicht nicht über den Zauber der berühmten
alten, doch weiß man dann wenigstens, was man hat; aber auch in
diesem Fall sollte man beim Kauf einen guten Musiklehrer hinzuziehen.

Im Verlauf der Schlacht, in der wir meine kaufen wollten, haben
John und ich uns ausführlich darüber unterhalten, wie wohl andere mit diesem Problem fertig werden. Wir spielten mit dem Gedanken, eine Art Trust zu gründen, der in solchen Situationen, in
denen es sich lohnt, einen Kauf ermöglichen könnte. Wir sind damit nicht weit gekommen, doch müßte sich ein Weg finden lassen
– nicht um loszugehen und überall Geigen anzukaufen, sondern
um den Fonds jener aufzustocken, die sich bereits selbst darum
bemühen. Dazu bedürfte es Sponsoren, einer Organisation, die
ihre Unterstützung anbietet. Wenn wir auf solche Bereitschaft
stießen, könnten wir für lohnende Fälle ein System schaffen, so
daß vielversprechenden Geigerinnen und Geigern geholfen werden könnte.

Ich bin in den Genuß einer solchen Hilfe gekommen – als erster
Stipendiat von Yehudi Menuhin, des Countess of Munster Musical Fund, des Martin Musical Scholarship Fund, von Youth And
Music und anderer, die meine Ausbildung an der Juilliard finanziell gefördert haben – und dann natürlich der Leute, die mir vier
Jahre lang im Kampf um die Stradi geholfen haben. Ich würde
mich gerne in die Schar jener Förderer einreihen. Sollte dies jetzt
jemand lesen, der wirklich imstande ist zu helfen, könnten wir
vielleicht etwas von bleibendem Wert einrichten? Ich würde mich
gerne im Rahmen einer Extra-Show engagieren, deren Erlös in
einen Fonds für solche Käufe fließen könnte. Natürlich läßt mein
Terminplan so etwas nicht regelmäßig zu, wenn jedoch Sponsoren entsprechend viel springen ließen, könnten wir schon bald auf

ordentliche Mittel zurückgreifen und eine Reihe von begabten jungen Künstlerinnen und Künstlern auf den Weg zu einer richtigen musikalischen Karriere bringen. Wir könnten das zu einem ganz besonderen Ereignis machen und dann mit Stolz auf jene blicken, denen wir geholfen haben und die nun den Staub von der alten Welt der Klassik wegblasen helfen. Wer weiß, vielleicht wird daraus einmal ein jährlich wiederkehrender Job. Wir könnten dann sogar die leidige Wohltätigkeit irgendwie dokumentieren. Ich weiß nicht, ob schon einmal jemand solche Ideen in einem Buch propagiert hat, doch trage ich das seit den Erfahrungen der letzten Jahre mit mir herum. Ich hätte alles natürlich auch schon in irgendeinem Interview von mir geben können, ich hoffe aber, euch auf diesem Wege besser zeigen zu können – anhand meiner eigenen Alpträume – in welch schwere Krise diese galoppierende Preisspirale einen stürzt, besonders diejenigen, die gerade dazu ansetzen, auf der Hauptstraße zum Starruhm die ersten Schritte zu tun. Wer nun bis hierher gelesen hat, kennt den Hintergrund. Wenn ihr eine Idee habt, was man tun könnte, laßt mir einfach eine Notiz über den Verlag zukommen.

Der Augenblick der Wahrheit: mit meinem Manager John Stanley, während Michael Aspel seine Überraschung auspackt. (Foto: EMI/Peter Vernon)

John und ich mit der sagenhaften Goldenen Rose von Montreux, die wir für unseren Film »For Seasons« bekamen. (Foto: EMI/Peter Vernon)

Mit Brixie in Birmingham nach einem Privatkonzert für die Prinzessin von Wales und ihre Stiftung. (Foto: Daily Mirror)

Das Szenario
für den Film
»Four Seasons« –
nicht gerade
die übliche Art
von Konzertsaal.
(Foto: EMI/
Jeremy Ennis)

Solange sie
nicht ablenken,
tragen moderne
Lichteffekte durch-
aus zur richtigen
Stimmung für
ein Konzert bei.
(Foto: EMI/Jeremy
Ennis)

Für die Dauer der Weltmeisterschaft wurden zwar alle Konzerte abgesagt, aber für die Hochzeit meines Managers habe ich einen Vierundzwanzig-Stunden-Trip nach Hause eingeschoben. (Foto: Syndication International)

Weltmeister-schafts-Harmonie: Brixie und ich in Italien mit Gazza und Chris Waddle (hintere Reihe), Gary Lineker (sitzend) und Steve Hodge. (Foto: Rex Features)

7
Längst entschwundene Väter

Ich nehme an, die meisten von euch wissen inzwischen, daß Fußball mich der Musik ernsthaft abspenstig machen kann. Schon seit Jahren ist Fußball meine große Leidenschaft. Die Kollision der Spieltermine mit meinem ständig anschwellenden Konzertkalender hat schon vielen Leuten Kopfschmerzen verursacht. Wenn ich bei einem entscheidenden Spiel nicht selbst dabei sein kann, höre ich mir zumindest die Übertragung an, indem ich irgend jemanden den Telefonhörer vor den Lautsprecher halten lasse, so daß ich an jedem Ort der Welt die Spannung des Spiels mitbekomme.

Es ist unfair, daß der britische Fußballsport im Ausland einen so schlechten Ruf hat. Auf meinen Reisen werde ich immer wieder gefragt, warum ich mich ausgerechnet für einen so gefährlichen Sport engagiere. Damit sind aber jeweils nicht etwa die Risiken auf dem Spielfeld gemeint, sondern die Gefahren für das Publikum, eine Schlägerei oder Schlimmeres. Unsere Medien und unsere Regierung scheinen sich nicht im klaren darüber zu sein, mit welchem Stigma sie diesen Sport überall auf der Welt belastet haben. Die ausführlichen Berichte über die entscheidenden Spiele werden natürlich von allen Fans und Sesselsportlern gelesen. Genauso wird über klassische Konzerte für die Musikbegeisterten berichtet. Wenn jemand ein Eigentor schießt oder ein Tenor eine Stelle flach singt, ist das nur interessant für die jeweiligen Anhänger. Wenn aber zum Beispiel in einem berühmten Opernhaus ein supertoller Kristallüster ins Publikum knallt und dabei Menschen zu Schaden kommen, wird das natürlich groß aufgemacht. Nun könnte jedoch die Sensationspresse »entdecken«, daß ja fast alle

Opernhäuser alt sind (um aus dem Schnee von gestern noch ein paar gute Storys rauszuschlagen); man könnte einen Bauexperten auftun, der darlegt, daß über hundert Jahre alte Ziegel bekanntlich zu zerbröseln anfangen. Daraus ließe sich dann eine tolle Geschichte zusammenschustern über die Gefahren, die ständig über allen Opernfreunden schweben. Und sobald so etwas einmal im Umlauf ist, schwillt es krebsartig an.

Natürlich ist niemand, der seine Sinne beisammen hat, dafür, daß Menschenleben aufs Spiel gesetzt werden. Tragödien wie die in Hillsborough hinterlassen bei allen Fußballfans tiefe Narben – eigentlich überhaupt bei allen Leuten. Aber es ließe sich doch durchaus vermeiden, daß dem Fußballsport noch größerer Schaden zugefügt wird. Wenn sich ein Amerikaner an einem Empfang ganz erstaunt zeigt über meinen Mut, angesichts solcher Tragödien ein Spiel zu besuchen, dann kennt er diesen Sport sicher nur aus den Berichten der Sensationspresse. Und leider werden solche Reportagen wie etwa die der Ereignisse in Hillsborough zu schnell und nicht besonders wahrheitsgetreu abgefaßt. Damals ging die Reportage mit der ersten Schockreaktion um die ganze Welt, aber die anschließenden Enthüllungen über die Entscheidungen der Polizei, Massen von Zuschauern ohne Eintrittskarten zusammenzupferchen, wurden weit weniger groß aufgemacht. Solche Unausgewogenheit fügt unserem Ansehen im Ausland enormen Schaden zu. Außerdem ist dies unfair der großen Mehrheit der britischen Clubs und Fans gegenüber, die sich nichts zuschulden kommen lassen. Obwohl ich mir seit über fünfundzwanzig Jahren ziemlich regelmäßig Spiele ansehe, bin ich nur einmal Zeuge eines Zusammenstoßes geworden – als Fans von Manchester United in einer Passage auf dem Weg zum Bahnhof einer Fangruppe von Villa entgegenkamen, die zum Bus wollte; dabei kam es zu Panikreaktionen. Natürlich spielte sich dies zur Zeit all der Aktionen der Fußballhooligans ab, und ich bin sicher, daß dies in den Köpfen vieler Menschen überhaupt erst die Vor-

stellung von Krawallmache entstehen ließ. Während der Weltmeisterschaft in Italien bin ich lange Zeit mit der britischen
Mannschaft zusammen gewesen; die meisten Menschen dort
kannten mich kaum, aber schon allein die Tatsache, daß ich den
Schal trug und Brite war, machte mich einigen Leuten verdäch-
tig. Weder die Fans noch die Spieler verdienen in dieser Weise ab-
gestempelt zu werden. Gegen *wirkliche* Krawallmacher und *wirkliche* Gefahren muß man streng vorgehen, genauso wie das oben
erwähnte Phantom-Opernhausdrama, sollte es einstmals geschehen, aufgeklärt werden müßte.

Meiner Ansicht nach wäre es eine Tragödie, zuerst sämtliche
Personen beim Kartenkauf zu registrieren, bevor sie sich unter die
anderen mischen. Man stelle sich nur vor, dieselbe Regelung käme in meinem Tätigkeitsbereich zur Anwendung: Alle, die sich
neu für klassische Musik interessieren, müßten sich auf einem
Postamt registrieren lassen, bekämen eine Identitätskarte und
wären erst damit zum Besuch meiner Konzerte berechtigt. Ungeheuer viele Leute, die sich gern der Klassik zuwenden möchten,
würden dann gar nicht erst auftauchen. Auf die Dauer würde sich
das auf meine Karriere und auf die Attraktivität von Konzerten
wie den meinen beim Publikum recht deutlich auswirken. Fußball ist ein herrlicher Sport, der Millionen von Menschen begeistert; er hat diese Stigmatisierung nicht verdient. Aber die Regierung mit dem Motto »Sorge nur für dich und sonst niemanden«,
die wir in den letzten zwölf Jahren gehabt haben, scheint nichts
daran gelegen zu sein, etwas für einen Sport zu tun, der das ge-
sunde Massenempfinden so hervorragend fördert.

Meine eigenen ersten Gehversuche in dieser Sportart waren
ganz schön schwach. Aber ein Cellist namens Colin Carr, der ein
oder zwei Jahre nach mir in die Menuhin-Schule eintrat, spielte
wirklich gut, und er stand auf Liverpool, was allein schon eindrucksvoll war. Wir organisierten dann während unserer Zeit an
der Schule Spiele. Dazu boten einmal die Wochenenden Gele-

genheit, aber wir hatten auch noch die Mittagspause und nutzten die vierzig Minuten nach zwei Uhr dafür. Dabei mußten wir ziemlich rumrennen, denn wir waren meist nur drei oder vier auf jeder Seite, und die Altersunterschiede machten das noch schlimmer; die kleinen Krabben setzten wir gewöhnlich als Außenspieler ein. Meist war es recht schwierig, genügend Spieler zusammenzubringen, da die Mädchen nicht interessiert waren und die Hälfte der Jungen lieber Mädchen geworden wären. Aber da uns keine Wahl blieb, mußte es auch so gehen.

Auf den Geschmack am echten Fußball brachte mich meine ältere Stiefschwester. Sie ging mit einem Burschen aus, der auf Birmingham City eingeschworen war. Sie nahmen mich zu einem Freundschaftsspiel gegen Hibernian mit, was ich toll fand. Obwohl ich damals erst sieben oder acht war, habe ich das Spiel noch lebhaft vor Augen. Birminghams Torwart hieß Jim Herriott und kam, wie ich mich erinnere, aus Schottland; er spielte also jetzt gegen seinen alten Verein. Zwar war ich damals noch winzig, aber ich weiß noch, daß ich mich köstlich amüsierte, als Herriott einen Rückpaß zwischen den Beinen durchließ und die Schotten so zu einem Tor kamen. Das nächste Mal kam ich bei einem Besuch in Brighton wieder mit Fußball in Berührung, wo ich mir Brighton und Hove Albion gegen Oldham Athletic ansah (die sie 6:0 schlugen); ihr Anhänger wollte ich aber eigentlich nicht werden. Nach meinem Umzug nach Birmingham hatte ich die schwierige Qual der Wahl zwischen drei Ortsmannschaften, Villa, City und West Bromwich, deren Ergebnisse ich von der Schule aus verfolgte. Doch war ich zu jener Zeit mehr damit beschäftigt, mich in diesem neuen Lebensbereich zurechtzufinden, als mich für den Erfolg der Mannschaften zu interessieren.

Ich glaube, ich war ein Fan, der nur auf ein Team wartete, das er unterstützen konnte. Nach diesen ersten Spielen ergab sich das recht bald über den Sohn eines Kollegen meines Stiefvaters. Als wir das erste Mal durch die Tore von Villa Park gingen, war er wohl sechzehn und ich so um acht rum. Schon vor dem Anpfiff des Spiels zog mich die elektrisierende Atmosphäre des Stadions in ihren Bann. Es war das erste Pokalspiel, nachdem der umstrittene Schotte Tommy Docherty die Mannschaft übernommen hatte. Gegner waren die Queens Park Rangers. Das Spiel ging zwar 1:1 unentschieden aus, aber im Stadion herrschte eine tolle Stimmung. Wir hatten Sitzplätze; das war auch gut so, da ich stehend nichts hätte sehen können. Ich trug damals noch kurze Hosen. Wir saßen aber gut verpackt auf der Whitton-Road-Tribüne, sahen also die Menge großenteils vor uns. Einfach unbeschreiblich, 30 000 Fans an einem Ort, die alle dasselbe empfanden. Ich wollte unbedingt dazugehören, mich ihnen anschließen.

Villa hatte zu der Zeit schwachen bis wechselnden Erfolg. Aus dreiundzwanzig Spielen hatten sie nur fünfzehn Punkte bekommen und waren ganz schön in Panik. Sie befanden sich im unteren Tabellenabschnitt der Zweiten Division und mußten ernsthaft mit dem Abstieg rechnen. Aber da holten sie Tommy. Er sollte diesen Trend umkehren, und er brachte einen Kampfgeist mit, der die Begeisterung von Spielern und Fans entfachte. Dank seinem energischen Zupacken konnte Villa sich in der Zweiten Division halten und verlor in den folgenden dreizehn Spielen nur einmal.

Duncan nahm mich noch ein- oder zweimal mit (einmal, glaube ich, ging es gegen Charlton), aber meist war ich in der Schule. Für diesen Club zu sein, hatte den Vorteil, daß die Zeitungen immer über die Spiele berichteten, solange Docherty am Ruder war. Ich konnte also von der Schule aus ganz gut auf dem laufenden bleiben.

Als ich etwas älter war, erlaubte Duncan mir manchmal, in den Ferien allein hinzugehen. Zu meinem Unglück hielt man mich für gut genug, um im Orchester der Menuhin-Schule zu spielen. Da wir samstags erst um 12 Uhr 55 mit den Proben fertig waren, geriet alles ganz schön durcheinander. Sowie die Probe zu Ende war, ließ ich alles liegen und stehen, stürzte zum Waterloo-Bahnhof und kam dann gerade noch zu den letzten zwanzig Minuten des Spiels ins Stadion. In dieser letzten Phase des Spiels stehen ja bekanntlich die Tore offen. Ich stand dann da in der Holt-Ecke, ganz außer Atem, den Geigenkasten unter den Arm geklemmt, aber überglücklich, dazuzugehören. Obwohl die Mannschaft sich nicht gerade in einer Glückssträhne befand, war ich ihr leidenschaftlicher Anhänger geworden.

Als Mum für dieses Buch nach Fotos suchte, fand sie das folgende Gedicht, das ich mit dreizehn für die Schülerzeitung geschrieben habe:

Wir kommen wieder

Was für'n Team ist Aston Villa!
Nun hab'n wir Rioch, er is'n Killer!
Curtis treibt sie immer vor,
Doch Tacklings hauen ihn auf's Ohr.
Pat McMahon, die Nummer sieben,
hat 'nen Bums, daß Funken stieben.
Hah, wir droh'n der Ersten Division,
Wartet nur, wir kommen schon.
Wir verdienen uns den Himmel
Bald gibt's für Albion Gebimmel.
Keine Angst, bald sind wir da,
Villas Zeit kommt, glaubt's nur ja.

Gegen Ende meiner Schulzeit erreichten meine Musik und meine Begeisterung für Villa einen neuen Höhepunkt. Zum Beweis dafür lasse ich mal wieder die Schulzeugnisse sprechen:

Allgemeiner Eindruck: Diesmal gibt es eine Menge guter Beurteilungen. Obwohl er die ganze Zeit Aston Villa nicht aus den Augen gelassen hat, verlief das Schuljahr sehr gut für ihn.

136

Französisch: Er macht sich sehr gut. Ich frage mich, ob er nicht auch französische Fußballreportagen im Radio hören könnte.

Englisch: Er entwickelt allmählich Sprachgefühl und hat sogar ein paar gute Arbeiten über Themen geschrieben, die nichts mit Fußball zu tun haben.

Kunst: Nigel beschäftigt sich immer noch ausschließlich mit seinen höchst persönlichen Phantasien sowie mit Aston Villa.

Allgemeiner Eindruck: Den größten Teil der Zeit schwimmt er auf einer Woge musikalischer Erregung und kann sich kaum auf etwas konzentrieren – nicht einmal auf Aston Villa. Er hat die Mathematik abgewählt, und es sieht ganz so aus, als würde er das gleiche mit den Naturwissenschaften tun.

Dies aufzuschreiben ist ein komisches Gefühl. Zu Ende des Schuljahres lebt man ständig in Angst vor den Zeugnissen. Solange man nur die Eltern zufriedenstellen will, denkt man nicht groß über was anderes nach. Doch könnte man die Zeugnisse mit der objektiven Distanz von Erwachsenen lesen, erführe man wohl so manches über die eigenen Lebensmuster. Auf diesen komischen kleinen Zetteln mit dem Briefkopf der Schule obendrauf prophezeite man mir schon meine beiden Hauptleidenschaften: Musik und Villa.

Natürlich war es während meines nächsten Lebensabschnitts an der Juilliard School in New York viel schwieriger, die Ereignisse zu Hause zu verfolgen. Ich las die Ergebnisse jeden Sonntag in der *New York Times,* aber das war auch schon fast alles, was ich tun konnte. Zu dieser Zeit wurden auf Kanal 13 die wichtigen britischen Spiele übertragen; Villa war aber leider nicht so gut plaziert, daß die Spiele gesendet wurden. Deswegen nach Hause zu fahren, stand natürlich nicht zur Debatte, dazu reichte das Geld einfach nicht. Weil ich knapp bei Kasse war, mußte ich sogar einmal Weihnachten drüben verbringen. Das war aber durchaus nicht so schlimm, wie es sich anhört, denn ich verbrachte den

Weihnachtsabend mit Helen Humes, einer Sängerin der Basie Band, und spielte auf einer Party.

Als ich wieder in England war, konnte ich meiner Leidenschaft erneut ausgiebig frönen, und da mein Terminkalender noch nicht überquoll, hatte ich genügend Zeit dafür. Es war recht günstig für mich, daß Mum und Duncan in Birmingham wohnten und ich in London, denn in einer der beiden Städte gab es fast immer ein Spiel. Villa Park bedeutete gleichzeitig einen Abend bei Mum und beim Stiefvater sowie ein gutes Essen. Das machte diese Gelegenheiten ganz besonders attraktiv.

Ich wollte, ich könnte begreiflich machen, warum meine Schwärmerei für Villa so wichtig für mich ist. Oberflächlich gesehen bin ich nur ein weiterer männlicher Idiot, der besessen ist von *seinem* Verein. Das mag zum Teil auch richtig sein. Aber dazu kommt, daß ich ohne ausgeprägte Sensibilität meinen Job nicht ausüben könnte. Ich bin ungeheuer darauf angewiesen, daß meine Gefühle von meiner Umgebung angeheizt werden, etwa von der Musik, die in den Konzerten direkt hinter mir mächtig hämmert, von einem starken Dirigenten, der einen in seiner Begeisterung mitreißt, von einem Publikum, das genau das empfindet, was man ihm mitteilt, das ist von zentraler Bedeutung. Fußball entlastet mich unschätzbar vom Druck meiner verrückten Welt, aber er bedeutet noch viel mehr für mich; irgendwie trifft er denselben Punkt. Ich will das zu erklären versuchen. Vor allem mag ich den Hauch von Historie, der Villa umgibt. Immerhin wurde der Club schon 1874 gegründet und hat bei der Entstehung des heutigen Fußballsports eine entscheidende Rolle gespielt. Villa hat zusammen mit elf anderen Vereinen die Fußball-Liga gegründet. Das erste Spiel bestritten sie gegen den Lokalrivalen Aston Brook von St. Mary. Es war ihr einziges Spiel in dieser bescheidenen Saison. In der ersten Halbzeit galten Rugbyregeln und in der zweiten die Verbandsregeln. Villa gewann das Spiel, und seitdem haben sie ihre Fans jubeln oder zittern lassen. In diesen 117 Jahren hat Villa siebenmal den Pokal gewonnen, einfach toll! Was für eine Tradition, was für eine Kraft! Man schaut gerade einem Spiel zu und spürt um sich herum den Geist längst entschwundener Väter und Großväter, die auf denselben Plätzen gesessen, das gleiche Geschehen miterlebt haben und genauso begeistert oder frustriert waren: Das ist Gegenwart und Überzeitlichkeit in einem. Ich vermag das alles durchaus objektiv und sachlich zu sehen. Mir ist bewußt, daß angesichts meiner zerrissenen Kindheit und meiner derart verrückten Karriere die Stabilität des Clubs für mich ungeheuer wichtig ist, da bin ich sicher. Ganz gleich, was in meinem Leben beruflich oder privat geschieht, in Villa Park laufen jede Saison die gleichen herrlichen Rituale ab, und immer wieder möchte ich einfach dazugehören. Es ist ein Zugehörigkeitsgefühl, das kein Familienkrach und keine berufliche Krise mir nehmen kann.

Angeblich legen Herkunft, Schulbildung und so weiter fest, was später im Leben aus einem wird. Mag sein. Ich habe auf meinem Weg wie wahnsinnig darum gekämpft, nicht so zu werden, wie andere es von mir erwarteten, und darauf bin ich stolz.

Meine Schule war für die Gesellschaft insgesamt nicht repräsentativ, weil dort nur privilegierte, talentierte, behütete Kids waren. Fritten waren ein seltenes Privileg, denn sonst gab es nur Vollkornbrot, braune Vollkornnudeln, hier was Braunes, dort was Braunes. Auch heute noch drehe ich mich in einem Wirbel ständiger Anforderungen, und alle kommen auf mich zu, um mir ständig von allen Seiten unter die Arme zu greifen. Alles dreht sich um mich, eine selbstgefällige Wunschvorstellung. Dieses ständige Kreisen um mich selbst muß ich als wichtigen Anteil der hohen, in mich gesetzten Erwartungen betrachten. Ich darf mich selbst und meine Umgebung nicht enttäuschen. Würde ich nur nach diesen erhabenen und elitären Regeln leben, wäre ich wahrscheinlich ein unerträglicher Saukerl. Villa-Anhänger zu sein, mit den anderen Fans zu zittern, die gleichen Klamotten zu tragen wie dreißig-, vierzigtausend andere, das ist für mein inneres Gleichgewicht absolut notwendig. Jeder von uns geht einem anderen Job nach, erlebt zu Hause oder bei der Arbeit Gutes und Schlechtes, Stinknormales, Alltagsscheiß. Neunzig Minuten lang zählt dies alles nicht. Jeder zweite in der Menge mag eine andere Meinung vertreten, doch hier gibt es nur ein einziges Thema, und sowie jemand Villa anfeuert, fällt die Menge sofort unisono ein. Diese Art von Gruppenbewußtsein ist unglaublich aufregend: Du gehörst dazu.

Gerade diese enorme Verbundenheit der Fans untereinander hat aber auch eine sehr häßliche Seite: ihre Unberechenbarkeit. Das sehe ich auch. Bis in die sechziger Jahre bestand die gleiche unerschütterliche Verschworenheit zwischen einem Dirigenten und seinem Orchester. Diese beiden schöpferischen Kräfte waren fest zusammengeschweißt, überwanden um gemeinsamer Ziele willen kommerzielle und berufliche Schwierigkeiten, so wie bei guten Managern und ihrer Mannschaft. In beiden Fällen wußten die loyalen Massen diese kollektiven Anstrengungen zu schätzen und profitierten oft davon. In den sechziger Jahren machte sich in der klassischen Musik eine Tendenz breit, nach der die Dirigenten in zunehmendem Maße Großverdiener wurden und taktische Spielchen veranstalteten. Sie schienen nichts anderes mehr im Sinn zu haben, als aus ihrem Können – welchem Orchester auch immer sie es zur Verfügung stellten – stets noch höhere Gagen herauszuschlagen und die Karriereleiter hinaufzufallen. Die Entwicklung der kreativen Einheit fiel mit jeder Veränderung um einen Schritt zurück. Auch wenn man einwenden könnte, neue Gesichter brächten neue Herausforderungen mit sich, so würde das in Wahrheit eben leider doch nicht zu Loyalität und produktiver Gemeinsamkeit führen, sondern lediglich zu kommerziellen Vorteilen für Opportunisten. Man muß schon halb blind sein, um nicht zu sehen, daß dieses kommerzielle Denken sich längst auch im Fußballsport breitmacht, mit Ausnahme vielleicht von Liverpool, wo die Spieler treu zu ihrem Verein stehen und nach Kräften unterstützen, was allen zugute kommt. Es ist leider zu einer allzu vertrauten Regel geworden, daß Fußballspieler sich allmählich verbessern, zum wertvollen Bestandteil der Mannschaft werden, dem Club dadurch nach und nach dessen Investition zurückzuerstatten beginnen, und peng – weg sind sie. Sie steigen auf, jagen nach größeren Summen, nur weil sie etwas besser geworden und dadurch im Wert gestiegen sind. Das stört natürlich den Prozeß des Zusammenwachsens zu einer echten Mannschaft und stößt die Fans ab, die das Gefühl haben wollen, daß sie ihre Stars kennen.

Ein Fußballfan nimmt seine Sache sehr ernst. Die Fans sammeln auch noch die winzigsten Informationen über die Spieler, welchen Wagen sie fahren, in welchen Kneipen sie sitzen, wo sie wohnen und so weiter. Die ständigen Wechsel von Spitzenspielern desillusionieren die Enthusiasten, die dann auf Distanz zum Club gehen. Gazza ist wohl unter anderem deshalb so gut angekommen und so populär geworden, weil die Fans das Gefühl haben, ihn zu kennen, so als könnte er unvermutet im Pub auftauchen und einen auf ein Bier einladen. Er tritt auf wie einer von ihnen. Die Älteren erzählen noch von den Zeiten, als die Spitzenspieler nach einem Spiel vor 50 000 Menschen auf ihre Fahrräder stiegen und mit den anderen davonstrampelten. Das klingt heute romantisch, doch die damals hatten einfach nur ihren Job erledigt und kehrten in den Alltag zurück, so etwa ergeht es mir als Geiger auch. Wer sich wichtig macht und ständig den Verein wechselt, um hochzukommen, der kann niemals wirklich zu einer Mannschaft dazugehören.

In den ersten Jahren des Fußballsports konnte man das Team nur wechseln, wenn man in eine andere Stadt umzog. Die Ursprünge des Sports liegen im Mittelalter. Damals nahmen ganze Gemeinden teil. Der Ball wurde praktisch mit allen Mitteln aus einem Bezirk in den anderen befördert. In der viktorianischen Ära war man sehr bemüht, aus Jungen Männer zu machen. Das war der Anfang der organisierten Spiele – zunächst in den öffentlichen Schulen. Aufgrund verbesserter Transportmöglichkeiten und weil man unbedingt gegen andere Schulen antreten wollte, wurden bereits 1848 die Regeln standardisiert, aber erst 1863 mit der Gründung des Fußballverbandes wurden brauchbare Regeln geschaffen. Als dann durch den Challenge Cup der Wettkampfgeist in den Vordergrund rückte, wurde der Sport erst richtig lebendig. Meine Ernennung zum Senior-Vizepräsident von Aston Villa, einem Club, der bis in jene Zeit zurückreicht, jagte mir Schauer über den Rücken. Ich bin stolz darauf, ein kleiner Teil dieser fabelhaften Vereinsgeschichte zu sein, aber ich hoffe auch, dem Club mit der Zeit mehr einzutragen. Klar, bin ich für ihn ein willkommener Werbeträger, und ich bin sicher, daß man in mir wahrscheinlich insgeheim auch einen potentiellen Spendeneintreiber sieht. Aber darüber hinaus möchte ich auch versuchen, die Kluft zwischen Team und Fans zu überbrücken, damit solche Barrieren, wie sie die klassische Musik seit Jahrzehnten behindern, gar nicht erst entstehen können. Kommerz und Ehrgeiz können sich auf die öffentliche Meinung, auf die man schließlich angewiesen ist, schädlich auswirken. Es ist aber möglich, einen goldenen Mittelweg zu gehen.

Es ist schon fast pervers, daß ich mich jetzt auf diese Weise auslasse, denn ich bin persönlich zum ersten Mal mit dem Team in Berührung gekommen, nachdem ich mich über einen Spieler von Villa abfällig geäußert hatte. Ich weiß nicht mehr genau, wann das gewesen ist, doch während der Sendung *Desert Island Discs* mit Michael Parkinson im Sessel wurde ich natürlich auch nach Villa gefragt. Ich machte mich über Gary Shaw lustig, erzählte, daß er anscheinend nie einen Spritzer Matsch abbekommen und nach neunzig Minuten immer noch sauberer vom Platz gehen würde als ich vom Konzertpodium. Darauf wurde mir ein paar Tage später über meinen Agenten mitgeteilt, Doug Ellis, Villas Präsident, habe mich zu erreichen versucht. Natürlich hatte ich das Gefühl, etwas zu weit gegangen zu sein. So rief ich ihn an, und er lud mich ein. Er war ganz toll, und Gary war es auch. Sie schenkten mir sogar eine Ehrenaktie des Clubs. Danach wußten sie, daß sie einen klassischen Geiger als treuen Fan hatten. Kurze Zeit später spielte ich für sie zu Ehren von Nigel Spink. Zu diesem Zeitpunkt war ich bereits bis zur Ehrentribüne vorgedrungen. Ein seltsames Gefühl: Wenn man von unten aus der Menge hochschaut, fühlt man sich von dieser Tribüne wie magisch angezogen und möchte gern inmitten der Vereinsspitze sitzen. Schaut man aber von dort oben zur Holt-Ecke hinüber, überkommt einen wieder die Erregung eines normalen Fans. Ich habe wohl von beidem etwas, wie ich mich ja auch zwischen dem Konzertpodium und den Jazzclubs aufteile. Man sagt, ein Leopard könne seine Flecken nie verleugnen! Ein Löwe hört nie auf, ein Villain* zu sein.

---

* Schurke, gleichzeitig »für Villa« (A.d.Ü.)

8
Peeping Tom

Lest ihr in Zeitschriften jemals so was wie »Ein Tag im Leben von...« oder dergleichen? So was überfliegt man gewöhnlich kurz, ähnlich wie *This is Your Life*. Man nimmt sich eine oder vielleicht auch zwei Minuten Zeit, um zu sehen, ob es einen anspricht, und dann blättert man weiter. Da ich erste Verrichtungen am Morgen wenig einladend finde, kann ich mir kaum vorstellen, euch mit solchen Storys bei der Stange halten zu können. Ein oder zwei Verlage wollten nun von mir, daß ich eine Art Mega-Tagebuch schreibe und daraus so was wie »Ein Jahr im Leben von...« herstelle. Ich hätte mich also nicht konzentriert hinsetzen und ein richtiges Buch schreiben müssen. Mir kommt das ein bißchen wie Mogeln vor. Ich weiß zwar nicht, ob ich, allein auf mich gestellt, so viel Gescheites zu Papier bringen kann, aber ich versuche zumindest, etwas von mir und meiner Welt zu zeigen. Noch immer liegen hier überall alte Schulzeugnisse von der Arbeit am ersten Kapitel rum, und jetzt habe ich auch noch zwei aus späteren Jahren für Englisch gefunden. Das erste (nur um meinem Verlag etwas Gottesfurcht einzubleuen) konnte sich nicht zu mehr aufschwingen, als gerade ein »befriedigendes Ergebnis für das Halbjahr« zu verzeichnen. Das zweite kann sich bereits sehen lassen und paßt wahrscheinlich besser. Darin steht:»Nigel versteht und benutzt die Sprache tadellos. Er betrachtet, wie ich meine, die Welt aus einer ganz persönlichen Perspektive. Sobald er sein echtes Selbst in seine Worte legt, sind seine Aufsätze sehr lebendig.« Ich weiß nicht, ob Selina Vaughan noch irgendwo ist, aber wenn, dann werde ich jetzt sicher einen Brief bekommen! Ihr seht also, daß ich auf gar keinen Fall ein steriles Buch schreiben wollte, das meinen Namen trägt, nicht aber meine Gefühle vermittelt. So, wie heute Stars produziert werden, ist es gänzlich überflüssig, von ihnen wirklich etwas zu wissen, es sei denn, es kommt zu einer Scheidung oder einem Skandal. Dann erfahren wir natürlich alles: wie alt sie sind, ihre sexuellen Vorlieben, wie hoch ihr Einkommen ist und wo ihre »Liebesnester« sind, all diesen Scheißdreck, aber man lernt sie dabei immer noch nicht kennen.

Mit bekannten Persönlichkeiten wie Gazza, Hurricane Higgins und sogar Inspektor Morse beschäftigen sich die Leute deshalb so intensiv, weil sie sie zu kennen glauben. Man ist betroffen, wenn man liest, daß sie auch Schwierigkeiten haben, und freut sich nicht nur, daß man endlich weiß, was sie verdienen. Irgendwie schaffen sie es, trotz der sterilisierenden Filterwirkung, die ein solcher Status gewöhnlich ausübt, ihre Persönlichkeit zu erhalten. Ich weiß natürlich gut, daß es sich im Fall von Morse lediglich um eine Kunstfigur handelt und der Darsteller John Thaw wahrscheinlich ganz anders ist, aber instinktiv sieht man das nicht so. Wir haben so sehr die Nase voll von Stereotypen, daß wir nach »echten« Menschen geradezu lechzen und deshalb sogar an ihn glauben. Auch das dauernde Herumgehetze der achtziger Jahre, um ja immer auszusehen wie einer, der gerade knitterfrei dem neuesten Modekatalog entsprungen ist, wirkte geradezu aseptisch. Scheiße, sag ich. Wer jemals mit einigen von diesen tupfengleich geschniegelten Leuten zu tun gehabt hat, sehnt sich unbeschreiblich nach einem menschlichen Wesen mit Fehlern und Warzen und alledem. Mich haben, glaube ich, nicht einmal Karikaturisten zu einem Yuppie machen können!

Zurück zu dem, was ich sagen wollte: Ein Buch voll Glanz über das, was ich ein Jahr lang getrieben habe, würde über mich fast gar nichts aussagen, höchstens, wen ich getroffen habe und wie entzückend die ewige Herumreiserei ist. Zwar gehört das alles auch zu meiner Welt, aber es ist nun mal nicht mein Leben.

Der Herr Verleger war ganz wild darauf, daß ich davon erzähle, wie ich übe, und interessanterweise haben kürzlich auch zwei verschiedene Filmgesellschaften angefragt, ob sie bei einer Konzertvorbereitung den »Peeping Tom« spielen dürften. Vielleicht kommt es so hin: Ich versuche mal diese verschiedenen Facetten auf einen Nenner zu bringen und lasse einen typischen Kennedy-Tag vor euch abrollen... Es ist aber kein besonderer, sondern ein ganz gewöhnlicher Tag, durch den ich mich da durchkämpfen muß. Es gibt natürlich Tage, die sind tatsächlich reichlich exotisch (etwa eine private Show im Ausland oder ein Flug mit der Königin), aber das wirkliche Leben ist viel normaler.

Wenn ich zu Hause bin, beginnt der Tag so um zehn Uhr vormittags, vielleicht auch etwas später, falls ich am Abend vorher aufgetreten bin. Der Tagesablauf richtet sich im großen und ganzen danach, ob eine Show ansteht. Wenn nicht, muß ich viel intensiver üben. Meist steige ich zuerst in Sweats, mache mir dann Tee und Toast. Ich öffne möglichst keine Post und lese auch keine Faxe, weil meine Gedanken dann sofort abschweifen. Das ist nicht gut fürs Üben. Die Zeitung lenkt mich nicht ab, da ich keine habe. Ein Radio hab' ich auch nicht. Doch manchmal, wenn mein Kopf es zuläßt, mache ich kurz mal die Stereoanlage an. Habe ich dagegen am Abend vorher ein klassisches Konzert gespielt, lege ich *nie* klassische Musik auf. Am liebsten fange ich sofort an zu üben. Man verliert erstaunlich viel Energie, wenn man sich zuerst mit Verwaltungskram abgibt. Fängt man gleich an zu üben, fühlt man sich wie ein Teenager. Wenn man vorher das ganze andere Zeugs erledigt hat, merkt man sofort, wie alt man ist. Ich brühe mir eine riesige Kanne Tee auf, die ich, nach dem Toast, dann in den beiden folgenden Stunden ganz allmählich leere. Was ich übe, hängt in der Regel von den bevorstehenden Konzerten ab – abgesehen von den Übungen, die ich regelmäßig durchführe. Diese sind ganz, ganz einfach, damit rein technisch was läuft und ich nicht daran zu denken brauche, während ich mich kreativerer

Arbeit widme. Im Schnitt machen diese Übungen etwa ein Drittel der gesamten Übungszeit aus. Trotzdem fange ich meist mit etwas an, das meinen Kopf fordert und nicht nur die Finger herumsausen läßt. Etwa ein Stück von Bach, an dem ich gerade arbeite und das ich besonders gern spiele. Ich übe also nicht nur, sondern versuche mich auch in die Stimmung zu versetzen, die zum Musikmachen erforderlich ist. Wenn meine Konzentration dann immer noch schwankt, schalte ich eine kurze Phase mit technischen Übungen ein, bevor ich mich an die eigentliche Vorbereitung des nächsten Konzertes mache. Physisch bereite ich mich überhaupt nicht vor. Menuhin machte immer zuerst Gymnastik, Armkreisen, Kniebeugen und so was; mir bringt das aber gar nichts. Eine seltsame Angewohnheit ist mir aber von der Schule her geblieben: Etwa nach der Hälfte der Übungszeit brauche ich eine Pause und verspüre ein natürliches Bedürfnis. Ich könnte mir vorstellen, daß dies daher kommt, daß wir das Üben damals alle haßten und es nur einen legitimen Grund für eine Unterbrechung gab, nämlich den Gang zum Klo, wo sich jeweils möglichst viele von uns trafen und so lange blieben, wie sie sich trauten. Offenbar vermögen alte Gewohnheiten und eine Riesenkanne Tee Traditionen am Leben zu erhalten.

Viele Menschen versuchen sich erst mal zu entspannen, noch bevor sie ihr Instrument anrühren, aber ich kann ein bißchen Spannung ganz gut gebrauchen. Anspannung und Entspanntsein müssen sich die Waage halten. Darauf sollten vor allem Jugendliche, die Musik machen, und ihre Familie achten, denn sonst bürden sie sich oder ihre Musiklehrer ihnen zuviel auf, anstatt das Wichtigste im Auge zu behalten – die Liebe zur Musik. An der Juilliard habe ich viele Eltern von Mitstudierenden kennengelernt, die ihrem Nachwuchs wohl das Schicksal einer Tracy Austin oder Andrea Jaeger beschert haben. Vorzeitiger Verschleiß ist eine große Gefahr. Im Fernsehen werden all diese herrlichen Wunderkinder als die Stars von morgen bejubelt, aber man hört von neunzig Prozent von ihnen später nie wieder was. Sie sind von wohlmeinenden Leuten oder bestimmten Ereignissen viel zu schnell nach oben katapultiert worden. Die große Gefahr liegt in der Mischung aus Arbeitsbelastung, Verantwortung und dem Mangel an Zeit, in der diese Kids sonst wie andere auch Freundschaften schließen und lernen würden, sich zu integrieren. Zuerst geraten sie innerlich aus dem Gleichgewicht und ziehen sich ganz in ihr behütetes Leben zurück. Dagegen ist in bestimmten Phasen zwar nichts einzuwenden, aber die Probleme beginnen unweigerlich dann, wenn sie auf sich selbst gestellt sind, ohne Schutz von Eltern und Unterrichtspersonen, und allein zurechtkommen müssen. Sie sind erwachsen, aber sie haben eine ganze Menge nicht gelernt, womit ein normales Kind ohne weiteres zurechtkommt.

Ich beende meine erste Übungsphase so gegen halb zwei. Sehr oft belegt mich nach dem Lunch die Außenwelt mit Beschlag. Dadurch sind die zwei Übungsstunden am Nachmittag ständig in Gefahr. Der ganze Plan ist überhaupt recht störungsanfällig, besonders wenn ich per Telefon Verhandlungen führen muß. Manchmal stehen ganz wichtige Dinge an. Hin und wieder muß ich sogar Verabredungen für spätere Zeitpunkte absagen, um doch noch zum Üben zu kommen. Das ist keineswegs kapriziös, man kann nur ein guter Geiger sein, wenn man sich ständig rührt und verbessert. Solange ich zu den zwei Übungsstunden am Morgen komme, geht die Welt nicht unter. Man kann aber den Rest nicht einfach streichen. Meist mache ich vor dem Lunch einen Lauf und bin so bis etwa um halb vier beschäftigt. Anschließend tätige ich locker ein paar Telefonate, dann geht's weiter mit dem Üben. Mit etwas Glück bin ich zum Abendessen fertig. Die fixe Einheit von vier Stunden Üben geht auf die Menuhin-Schule zurück, wo drei oder vier Stunden dafür angesetzt waren. Ausreichendes Üben entschied dort darüber, ob man so gut war wie die andern; manche mußten mehr üben, andere weniger. Für mich sind vier Stunden gerade richtig, mehr führt leicht zu Überlastung. Viele, die intensiv Geige spielen, neigen zu Sehnenentzündungen. Es gibt aber Leute, die bis zu sieben Stunden täglich oder gar mehr üben! Es ist gar nicht so einfach, sich die Zeit zum Üben freizuhalten, wenn zu den Konzerten und Tourneen auch noch zweihundert Presseanfragen wegen Interviews und Fernsehauftritten vorliegen. Überall, wo ich bin, ist täglich dreierlei zu bewältigen: die technischen Grundübungen, die Vorbereitungen für das nächste Konzert und die Perfektionierung eines Musikstücks. Wenn es eng wird, kann ich häufig keine neuen Stücke einüben. (Es heißt, Itzhak Perlman drapiere seine Tage um vier Übungsstunden herum, der ist bestimmt großartig in Form.) Die Übungszeit am Nachmittag ist technischen Grundübungen vorbehalten, die sich alle ziemlich fade anhören. Aber ich muß nun mal meinen Standard halten. Immerhin kann ich mir diese langweilige Arbeit erleichtern, indem ich dabei fernsehe. Es ist so ähnlich wie bei einem Fußballspieler, der ja auch bestimmte Bewegungsabläufe immer und immer wieder üben muß, oder bei einem Boxer mit dem Sandsack: Ich muß eine Passage immer wieder durchspielen, bis ich exakt das Tempo treffe. Das ist eher eine Arbeit für meine Finger als für die guten alten grauen Zellen. Das Fernsehen sorgt dafür, daß ich nicht immer wieder unterbreche. Meist sehe ich mir Sportsendungen an; aber ein guter Film mit Untertiteln tut es auch, weil ich dabei nicht auf das Gesprochene achten muß. Vielleicht sollte ich das nicht an die große Glocke hängen, aber ich muß zugeben, daß einem der Ton der Violine direkt am Ohr nach einiger Zeit ziemlich auf den Wecker geht. Da sind Hintergrundgeräusche ganz angenehm. Und es hat den Nebeneffekt, daß mich Husten oder Unruhe im Publikum bei weitem nicht so sehr stören wie viele andere Solisten.

An Konzerttagen verändert sich dieser Ablauf beträchtlich. Vieles hängt davon ab, wann die Orchesterproben angesetzt sind; kann sein, daß eine am Nachmittag davor stattfindet, manchmal jedoch schon morgens. Um einen solchen Tag zu schildern, wähle ich eines unserer eigenen Konzerte, bei denen die Proben und Tonproben auf den Nachmittag fallen. Dann stehe ich nicht gegen zehn, sondern erst gegen elf Uhr auf, damit sich der Tag möglichst stetig und undramatisch abwickelt. Ich esse meinen Toast, nehme die Teekanne mit ins Übungszimmer und übe insgesamt etwa eineinhalb Stunden; ich mache dann nur die Standardübungen. Mit dem Material für den Abend plage ich mich nicht ab, denn jetzt ist es ohnehin zu spät, um daran herumzufeilen. Das muß längst vorher geschehen sein. Danach schiebe ich etwas in den Herd und mache mich zum Laufen fertig. An Konzerttagen liegt mir besonders viel daran, und selbst in Millionenstädten weiß mein Fahrer einen Park oder freies Gelände zu finden. Während dieser vierzig Minuten versuche ich möglichst wenig zu denken, sondern nur Eindrücke aufzunehmen und in einen gleichmäßigen Rhythmus zu verfallen. Schön ist, daß man, wenn man immer wieder die gleichen Strecken läuft, mit dem Wechsel der Jahreszeiten vertraut wird: ob Laub da ist oder auch nicht, welche Blumen sprießen und verwelken, die unterschiedlichen Stimmungen am Himmel. Die Regelmäßigkeit im natürlichen Kreislauf vermittelt Sicherheit und Beständigkeit. Kein Wunder, daß der rastlose Geist von Leuten, die malten und komponierten, davon immer wieder angezogen worden ist.

Wenn ich zurückkomme, ist das Essen fertig. Ich habe eigentlich keine ausgeprägten Ernährungsgewohnheiten, höchstens daß ich an Konzerttagen kein rotes Fleisch esse, da mir das zu schwer ist. Statt dessen eher Fisch oder Gemüse, jeweils mit Fritten – eine echte Schwäche von mir –, am liebsten mit Mayonnaise. Je nachdem, wann die Probe angesetzt ist, versuche ich mich noch etwas zu entspannen – und dann geht's an die Arbeit!

Klar, daß die Beziehung, die zwischen mir, dem Dirigenten und dem Orchester herrscht, von größter Bedeutung ist. Sie wird gleich nach meiner Ankunft zu Probenbeginn einem Test unterzogen. Wenn man dabei ziemlich lange im Dunkeln herumtappt, mag ich das überhaupt nicht. Hat man schon einmal mit demselben Team zusammengearbeitet, stellt sich die alte Vertrautheit bald wieder her. Doch bei einem neuen Orchester muß man erst mal rausfinden, wo alle musikalisch herkommen und bei einem Stück der Schwerpunkt gesetzt wird. Während dieser angespannten Phase fühlt man sich merkwürdigerweise sehr lebendig, und am Ende ist unter dem enormen Druck oft echte Kameradschaft entstanden. Das ist für mich ungeheuer wichtig, denn während ich mich Stunden um Stunden mit dem Konzert abgemüht habe, um die Struktur des Stückes zu erfassen und herauszufinden, was ich aus der Komposition rausholen will, war ich immer ganz allein. Aber ich bin ja nur ein Element innerhalb der Komposition, der Aufführung, und da man sich schließlich im Vorzimmer kein eigenes Orchester halten kann, kann man seinen Anteil am gesamten musikalischen Ereignis natürlich nicht von vornherein festlegen. Das Ganze kommt für mich in Tat und Wahrheit erst während der öffentlichen Vorstellung endgültig zusammen.

Jeder Konzertsaal hat seine ganz besondere Akustik. Außerdem hört sich eine Probe in einem leeren Saal viel gewaltiger an als in einem vollen; aber daran gewöhnt man sich. John und ich haben für unsere eigenen Konzerte den diskreten Einsatz von Verstärkern eingeführt. Dadurch ist wenigstens die Lautstärke überall gleich und den raumbedingten Klangverlust kann man über das Mischpult ausgleichen.

Die Zeit unmittelbar nach der Probe ist für mich ganz besonders heikel: Ich befinde mich nicht mehr in der geschützten Umgebung meines Hauses oder Hotels, aber ich möchte auf gar keinen Fall gestört werden. Doch Konzerte finden nun mal *in* der und *für* die Öffentlichkeit statt, und die Medien müssen sich auch mit dem, was dem Ereignis vorausgeht, befassen. Wenn ich zu Hause bin oder mich ein paar Tage in einer Stadt aufhalte, sehe ich mir die unvermeidlichen Interviews und Fotos möglichst an.

Bei einem eintägigen Aufenthalt ist der Druck ungeheuer groß. Ich kann mich dann vor der Probe auf Gesprächspartner nicht mehr wirklich einlassen, und danach muß ich mir alles, was auf der Probe passierte, fürs Konzert merken. Die Presse ist nur sehr schwer davon zu überzeugen, daß sie warten muß, bis das Konzert beendet ist, und so beginnt das Spielchen. Da die Veranstalter Druck ausüben, muß ich Kompromisse eingehen. Das sieht dann meist so aus, daß die Presseleute mich direkt nach der Probe für ein paar Minuten abfangen. Ich unterhalte mich ganz gern mit ihnen, höre mir auch gern ihre Meinung zu den Ereignissen an. Aber diese ewigen Fragen nach der Schulzeit, nach dem ganzen Zeugs und nach Storys über die Erfolge zu diesem oder jenem Zeitpunkt meiner Karriere! Klar, für ihren Job sind das sozusagen Grundfragen, aber sie zerren meine Gedanken dadurch in Gefilde, in denen sie zu diesem Zeitpunkt absolut nicht verweilen dürften. Tauchen fünf oder sechs dieser Leute auf, wird das ein regelrechter Kampf, dann ist die Konzentration endgültig hin. Andererseits ist es der Karriere natürlich nicht dienlich, wenn man nie ansprechbar ist. Außerdem bringt man sich selbst um die Möglichkeit, das, woran man glaubt, mitzuteilen. Die paar tausend Besucherinnen und Besucher am Abend sind sowieso, zumindest zum Teil, Musikbekehrte. Sie wären ja sonst gar nicht da. Diejenigen aber, die das Konzert nicht besuchen, jedoch zumindest an einem Bericht über das Ereignis interessiert sind, das sind potentielle neue Fans, neues Publikum.

Unmittelbar vor der Vorstellung ist die Garderobe mein einziges Refugium. Ich weiß, wie geheimnisumwittert dieses innerste Heiligtum ist, und ich würde euch zu gern ein paar Wunderdinge erzählen, die dort vorgehen, aber ich kann es nicht. Man stellt dort für mich immer ein paar Dinge bereit: natürlich eine gute Tasse Tee und ein Brot mit Ei und Mayonnaise, ob nun in London, New York oder Tokio. Was ich dort aber jeweils tue, ist nicht festgelegt. Eigentlich darf niemand vor einer Show die Garderobe betreten, höchstens Brixie, John oder jemand aus dem engsten Freundeskreis. Ich mag das ganz gern, solange der Raum groß genug ist, daß man keine Klaustrophobie kriegt. Diese Leute verstehen ja, was ich in der Zeit durchmache, und akzeptieren fraglos, daß ich bestimme, ob man gerade vergnügt, ruhig oder aufmunternd zu sein hat – eben all das, worin gute Freunde so gut sind. Aber es gibt noch andere, je nach der Stadt, in der ich auftrete, vielleicht sogar welche, die für EMI arbeiten; sie schauen nur mal eben rein und wollen mir alles Gute wünschen.

Manchmal ist auch das schön cool, aber es gibt Zeiten, da komme ich mir vor wie auf dem Bahnhof. Man kann das nie vorhersagen. Es hängt weitgehend davon ab, was einem sonst noch im Kopf rumgeht, wie die Probe verlaufen ist, wie weit meine Vorbereitung für den Abend gediehen ist. Auf dieser kurzen Zeitspanne lastet alles und jedes. Worauf ich zu dem Zeitpunkt echt angewiesen bin: ein paar Tassen guten Tees und etwas Platz zum Spielen oder auch nur zum Rumsitzen. Das ist jedesmal anders. Manchmal geht bei einem Auftritt vorher auch so gut wie alles daneben, und man hat überhaupt keine Zeit mehr für so was. Dann muß man direkt auf die Bühne gehen, und es klappt dennoch. Ein andermal hat man eine ganze Stunde für sich in der Garderobe und sehnt sich nach einem Gesprächspartner, obwohl man eben erst alle rausgeworfen hat. Es gibt kein festes Konzept, man muß sich ein bißchen drehen und wenden. Direkt vor dem Konzert bin ich meist allein. Ein herrliches Gefühl. Alle, die mit mir hinter der Bühne waren, haben jetzt ihre Plätze eingenommen. Ich trinke noch eine letzte Tasse Tee aus dem Fisch-Krug – eigentlich ist es eine grüne Blumenvase mit aufgerissenem Maul, die ich früher mal irgendwo erstanden habe; da geht eine ganze Menge rein. Erst jetzt konzentriere ich mich wirklich ganz auf die vor mir liegende Aufgabe. Ich glaube, ich gehe ein wenig auf und ab und rege mich über alle möglichen Kleinigkeiten auf, etwa über meine Haare oder daß mein Hosenstall auf ist. Setzt dann das Orchester ein, bin ich voll da. Jetzt gibt es für mich nur noch die Musik. Ich versetze mich in die Stimmung des Werks. Ob ich das Stück beherrsche, ist jetzt kein Thema mehr, das ist durch das tagelange Üben abgetan. Ich gehe im Geist noch einmal die Passage durch, die mich emotional am stärksten bewegt, und spiele sie mir selbst ganz langsam vor: ein Eintauchen, das mich der Musik ganz nahebringt. Ein andermal stimme ich mich dadurch ein, daß ich die Anfangstakte des Stücks mehrmals durchgehe. Ist der Beginn der Aufführung gelungen, geht es in der Regel auch so weiter, da man dann von der Musik, dem Orchester und der spürbaren Anwesenheit des Publikums vor einem getragen wird. Ist man erst einmal dort draußen, ändert sich alles. Der Druck fällt plötzlich von einem ab. Man denkt nur noch an das eine, was einem im Leben am liebsten ist. Es ist, als würde man reinen Sauerstoff atmen, statt den verbrauchten Stoff, den wir Luft nennen. Nur wenn ich den Klang des Orchesters hinter mir vernehme, komme ich ganz nah dran, echt gut zu spielen. Zu Hause feile ich so kritisch wie möglich dran rum, und während der Probe versucht man alles so auf die Reihe zu kriegen, daß bei der Aufführung nichts schiefgeht. Bei der Aufführung aber kommt Leben ins Spiel; ich fühle mich ganz phantastisch. Mit dem ersten Schritt auf die Bühne fallen alle Beklemmungen ab, als ob man durch eine unsichtbare Tür einen Raum beträte, in dem man sich wie zu Hause fühlt. Ich denke, es ist nicht viel anders als damals an der Menuhin-Schule, als ich mich auf der Bühne ohne Jackett und Krawatte wohler fühlte als im Unterricht. In diesem Augenblick bin ich ganz ich selbst, ohne daß jemand sich den Kopf darüber zerbricht, wie das zustande kommt. Und wie merkwürdig. Obwohl es eine Zeitspanne ist, die ungeheure Konzentration erfordert, wird der Kopf an den Stellen, an denen man nicht selbst spielt, ganz klar. Aber schließlich hat man ja seine Hausaufgaben gewissenhaft erledigt. Man hat im Kopf, wie viele Takte man nicht gebraucht wird, und allein der Schwung, die Triebkraft des Geschehens trägt einen.

Aber manchmal spielt man auch vor einem siebzigköpfigen, voll engagierten Orchester, blickt total ernsthaft drein, umklammert die Geige und denkt: »Ist mein Stall zu?« oder auch: »Hab ich den Herd angelassen?« Abstruse Gedanken, die plötzlich wie aus dem Nichts auftauchen.

Das Verhältnis zum Dirigenten ist natürlich wichtig. Liegt man musikalisch auf derselben Wellenlänge, entsteht jene kollektive Kraft, die nicht nur ihm oder mir, sondern auch dem Orchester zugute kommt. Nur in zwei Fällen hab' ich mich mit einem Dirigenten nicht wohl gefühlt. Man steht zwar auch ein solches Konzert durch, aber unter diesen Umständen macht das Spielen keine Freude. Man weiß genau, was nicht stimmt, und versucht das zu kompensieren. In einem solchen Fall hält sich das Orchester natürlich an den Solisten (als ausgebildete Musikerinnen und Musiker verlassen sie sich alle instinktiv eher auf die Ohren als auf die Augen). Im Endeffekt kann so was natürlich leicht auf eine Kraftprobe hinauslaufen, und es entsteht ein musikalischer Kampf um die Vorherrschaft. Heute weiß ich, wie man einen solchen Kampf gewinnt, wenn es denn sein muß. Man reißt sich aber nicht um solche Situationen. Man will und muß sich auf der Bühne sicher fühlen können. Orchestermanager, Dirigenten und Solisten wissen das nur zu gut, und nicht zuletzt aus diesem Grund werden klassische Konzerte oft jahrelang im voraus festgelegt: damit eine harmonische Besetzung zustande kommt.

Am Ende der Vorstellung durchflutet mich das herrliche Gefühl: Wir haben es gemeinsam geschafft. Die Reaktion des Publikums brandet wie Wellen von warmem Wasser am Strand über einen hinweg. Ein phantastisches Gefühl. Mir fehlen dafür die Worte, aber ich kann euch sagen: Es ist das, was die Glut bis zum nächsten Mal erhält. Ich habe dann nur noch den Wunsch weiterzuspielen. Ich bin völlig entspannt und angeregt, während das Publikum gar nicht genug bekommen kann. Das ist reine Verführung... Wir haben gemeinsam etwas erlebt und wollen noch mehr erleben. In diesem Augenblick muß man aber daran denken, daß es auf der Bühne auch noch einen Dirigenten und ein Orchester gibt. Die kann man ja nicht einfach außen vor lassen und allein seinen Tanz aufführen. Aber ich würde so lange spielen, bis sie aufhören und fragen, ob ich nun genug habe. Der administrative Regelkram macht es einem da heute nicht leicht. Eine Minute über die für das Orchester festgesetzte Zeit, und schon muß jemand vom Kassenbüro ein Vermögen für die Extraminuten zahlen. Es ist, als wünschte das Establishment keine unkontrollierte Zunahme des Interesses an klassischer Musik. In Amerika ist es in mancher Hinsicht sogar noch schlimmer. Vor kurzem gastierte ich mit Prokofjews erstem Violinkonzert an der Westküste. Das Konzert war nur kurz, aber die Vorstellung schien gut angekommen zu sein. Das Publikum applaudierte und forderte eine Zugabe, sogar das Orchester stimmte in den Applaus mit ein. Als ich immer wieder raus mußte, gab ich also eine kurze Zugabe, wodurch sichtlich auch der Abend besser ausgefüllt war und der Wunsch nach mehr wenigstens etwas befriedigt wurde. Daraufhin schickte mein amerikanischer Agent, der anwesend war, am nächsten Tag folgendes Fax an John:

»Sie haben sicher schon gehört, daß Nigel in San Francisco einen unglaublichen Erfolg hatte. Orchester und Publikum waren von ihm hingerissen. Ich möchte aber doch darauf hinweisen, daß Nigel an dem Abend, an dem ich anwesend war, eine Zugabe gab und am nächsten zwei. In größeren Orchestern der Vereinigten Staaten ist man über solche Praktiken nicht gerade erbaut. Das Publikum war natürlich davon begeistert, aber die Verwaltung fand es überhaupt nicht gut. Darüber sollten Sie mit Nigel noch vor dem New Yorker Konzert reden. In New York wäre so was ein schlimmer Fehler.«

Sieht so aus, als hätte ich mich gründlich geirrt, ich hätte nicht für das gemeine Publikum, sondern für einen kleinen Mann spielen sollen, der irgendwo mit den Abendeinnahmen, einer Rechenmaschine und seinem Rolex-Chronometer saß. Was für ein absoluter Scheiß! Natürlich hat der Agent nur die Einstellung der Leute dort wiedergegeben. Klar, daß ihn mein Verhalten ziemlich nervös gemacht hat. Hätte die Show das von der amerikanischen Gewerkschaft auf drei Stunden festgesetzte Limit überschritten, wäre es wohl tatsächlich unverantwortlich von mir gewesen, aber das war ja nicht annähernd der Fall. Ich weiß, daß bis vor kurzem große Orchester an der Ostküste eine Klausel in ihrem Kontrakt hatten, nach der sie nur Solisten engagieren durften, die sich verpflichten, keine Zugaben zu geben. Ist es da ein Wunder, daß die klassische Musik im Dunkeln sitzt? Die klassische Musik hat dem obstinaten Elitarismus der Zunft und der totalen Blindheit der Plattenfirmen nie entrinnen können. Ich mag ein Punk sein, allerdings nicht vom Schlag der Typen, über die sich die Regenbogenpresse das Maul zerreißt, aber vielleicht in dem Sinn, daß ich nicht völlig nach der Pfeife des Establishments tanze. Darauf bin ich richtig stolz und hoffe, die Barriere so zu erschüttern, daß sie bricht.

Sobald man von der Bühne runter ist, füllt sich die Garderobe unausweichlich, auch wenn man noch so viele Vorkehrungen getroffen hat. Der Augenblick ist nicht einmal so ungünstig, um dem einen oder anderen kurz Hallo zu sagen, aber es ist leider schlicht unmöglich, mit jemandem auch nur einen vollständigen Satz zu wechseln. Man kann gerade noch vorschlagen, der oder die soll bleiben, bis der Ansturm vorbei ist. Doch für mich haben erst mal zwei Dinge Vorrang: Zum einen bestehe ich darauf, mit der Band ein Bier zu trinken. Auch wenn ich am meisten im Rampenlicht war, haben wir doch gemeinsam die nervenaufreibende Anspannung durchgestanden und die Musik zum Leben erweckt. Alle auf der Bühne haben ihr Bestes gegeben, und es tut ungemein gut, hinterher zusammen befreit zu lachen. Wer will, kann eine Story oder einen Scherz über die Vorstellung loswerden – immer Dinge, die hoffentlich dem Publikum entgangen sind. Ich hab' ja schon früher

zu erklären versucht, daß alles, was ich an Kraft in ein Stück reinge-
steckt habe, erst dann voll zur Geltung kommt, zu einem echten
Bild wird, wenn ich mit dem Orchester zusammen spiele. Deshalb
hat das Zusammensein hinter der Bühne Vorrang vor meinen
Freunden in der Garderobe. Wer mich kennt, hat dafür Verständnis. Anschließend gebe ich Autogramme, so viele ich eben schaffe.
Durch diese lebendige unmittelbare Beziehung zum Publikum er-
fahre ich, was wirklich ankommt. Ich bin dadurch auf der Bühne
sicherer und weiß, was ich bei Interviews sagen muß. Würde ich
mich nur an die Fachleute halten, würde es keinerlei Fortschritte
geben. Es ist phantastisch. Ich versuche mich ein oder zwei Minuten mit jedermann zu unterhalten. Ich wundere mich darüber, wie
viele junge Menschen sich mit Musik beschäftigen. Sie wollen sich
nicht nur mit der Musik und den Instrumenten abspeisen lassen,
die sie von der Schule her kennen. Erstaunlicherweise tauchen auch
eine Menge properer Erwachsener auf, die normalerweise sicher
nicht um Autogramme anstehen. Sie wollen sich einfach nur bedanken oder witzeln manchmal darüber, daß nun endlich der
Haussegen wieder geradegerückt sei. Der eine oder andere Spröß-
ling scheint sein Pop-Idol durch mich ersetzt zu haben, und die
Eltern scheint das laute Abspielen der *Vier Jahreszeiten* oder von
Brahms viel weniger zu nerven. (Wenn sie sich da nur nicht täu-
schen; denn wenn diese Kids die Musik nur einigermaßen richtig
abspielen, macht der Geräuschpegel die Familie für die Nachbarn
trotzdem zu Aussätzigen!)

Bis ich mit den Autogrammen fertig bin, wird es ziemlich spät
und alle wollen nur noch weg. Oft muß ich dann noch ein Interview geben, und damit ist der Abend endgültig gelaufen. Man
kann sich etwas Schöneres vorstellen. Den ganzen Abend über
hat man nun ununterbrochen Adrenalin ausgestoßen; anschließend gleich zu Bett zu gehen, höchstens vorher noch ein Interview zu geben, fördert nicht gerade den Schlaf. Ich gehe gern
noch irgendwo hin – in einen Musikclub oder dergleichen – und

reagiere mich in lockerer Runde ab. Diesen Tribut schulde ich vielleicht irgendwie dem New Yorker Nachtleben, das mir so sehr gefallen hat. Es ist so, als müßten alle Zugaben, die ich so gern gegeben hätte, noch aus mir heraus. Außerdem brauche ich mich zu dieser Stunde nicht mit Tee zufriedenzugeben.

Die Stunden nach Mitternacht sind wie geschaffen für Leute, die Musik machen. Das ist keine Marotte oder weil man *in* sein möchte. Man schaltet ab und vergnügt sich mit Gleichgesinnten, nachdem die meisten normalen Menschen weg sind und wir unter uns. In den letzten Jahren habe ich in Irland unvergeßliche Nächte mit einheimischen Geigern und etlichen Runden Drinks verbracht. In solcher Umgebung gibt man sich gegenseitig sehr viel, und es entsteht eine intensive Kameradschaft. Auch musikalisch ist das sehr befriedigend. Man tut sich in einer anderen Musik um, einem anderen Stil und Geschmack.

Das Durchbrechen der Formen klassischer Musik hat ein paar sehr seltsame Nebeneffekte mit sich gebracht. Zum einen zeigt sich, was für ein Benehmen von Interpreten klassischer Musik erwartet wird. Das ist echt blöde, denn in der Musikszene hat man sich immer schon gerne amüsiert, vermutlich, weil man – wie ich schon ausgeführt habe – unbedingt abschalten muß. Wenn sich welche scharenweise mitten in der Nacht zusammenfinden, wird daraus immer ein Zusammenspielen oder eine Party. Aus der Ära der großen Jazz- und Bigbands gibt es Unmengen solcher Storys. Auch das Nachtleben von Rock'n'Roll-Bands ist von Legenden umrankt. Wer zu einer Rockband gehört, die den ganzen Abend über mit Volldampf Musik ausgestoßen hat, muß doch total außer sich sein. Daher all die berühmt-berüchtigten Geschichten von Partys und Blödeleien. Ähnliche Scherze von Studierenden zu Semesterschluß bleiben total unbeachtet, aber uns bringen sie in die Schlagzeilen.

Ein eher kurioser Abglanz solcher Stereotypen ereignete sich vor kurzem in einem Zentrum der Tradition, nämlich auf einer

Versammlung von Leuten einer Schallplattenfirma. Die Leute, die daran teilnahmen, waren offenbar den größten Teil der Woche eingesperrt gewesen und mit Optimismus und Stolz über die vielfältigen Aktivitäten der Firma insgesamt gefüttert worden. Dann fand gegen Ende oder ganz zum Schluß ein Galaabend statt, bei dem man eine große Anzahl von Stars und Managern erwartete. Ich ging gern hin, weil es, ähnlich wie das Zusammensein mit Freunden nach einem Konzert, ganz toll ist, sich mit den Leuten zu unterhalten, die den ganzen Klatsch kennen. Man kann sich vorstellen, daß dort alle möglichen Stars aufkreuzten und der formelle Teil des Abends sehr erfolgreich verlief. Nachdem die Bosse das Ihrige getan und sich in ihre Räume, oder wohin Bosse sonst gehen, zurückgezogen hatten, wurde es ganz gemütlich. Man entspannte sich, und es bildeten sich in Windeseile zufällige Grüppchen, die sich über die drei oder vier Empfangsräume verteilten. Es war ganz nett, aber es blieb doch alles schön im Rahmen. Interessant war, wie die Delegierten der Firma reagierten. Klar, das war das Ende einer anstrengenden Woche, und natürlich sollte eine solche Versammlung das Gepräge eines Ereignisses im Showgeschäft tragen. Die führenden Stars der Szene, die geblieben waren und herumhingen, gaben sich, wenn es hochkam, reserviert und verhielten sich praktisch so, wie es wohl die Bosse getan hätten, wären sie dageblieben. Aber man konnte förmlich spüren, daß dies ein glanzvolles Ereignis sein sollte, um alle für die nächste Zeit auf Schufterei zu trimmen, und deshalb ging es wenigstens bei uns bald etwas lockerer zu. Es passierte nichts Tolles, grade so viel, daß jeder zu Hause etwas zu erzählen hatte. Ich war aber nicht etwa nur in Gesellschaft von lauter Vertretern der Klassikabteilung, sondern von Angestellten aller Schattierungen. Und niemand dachte auch nur einen Augenblick daran, daß Nigel Kennedy, ein klassischer Interpret, sich mitten in dem Haufen befand. Genauso sollte es doch sein. Einzig ein Pop-Mime beschwerte sich hinterher, der Abend sei ihm etwas albern vorgekommen. Für euch mag sich das vielleicht nach nichts anhören, aber es ist schon ein herrliches Gefühl, sich mit einem solch buntscheckigen Haufen von Leuten zu amüsieren (auch wenn man weiß, daß am nächsten Tag wieder alle ordentlich an ihren Plätzen sitzen).

Also… ich hab' euch jetzt in etwa durch meinen typischen Tag geleitet. Ich gehe nicht zu einer bestimmten Zeit schlafen, weil es oft sehr spät wird oder ich zu irgendwelchen Zeiten das Gefühl habe, Ruhe zu brauchen. Wenn ich ein Konzert hinter mir und am nächsten Abend wieder eines habe, bestimmt schlicht der Erfolg des Abends, wann ich ins Bett gehe. Ist jedoch eine Vorstellung nicht optimal gelaufen, will ich fast immer früh nach Hause, um am nächsten Tag besonders fit zu sein, da ich vor dem nächsten Konzert ganz gern noch zwei oder drei zusätzliche Übungsstunden rausschlagen will. Wenn ich aber mit dem Geschehen auf der Bühne so ziemlich zufrieden war, dann hängt, wann ich zu Bett gehe, davon ab, was um mich rum so läuft.

9

Wer wagt es…

Es macht Spaß, Kriminalfälle vom Sessel aus zu lösen, sich löffelweise mit Spuren und Irrwegen füttern zu lassen, um schließlich die richtigen Schlüsse zu ziehen. Solche Abenteuer folgen normalerweise einem festen Schema: Zu Beginn der Geschichte wird man mit dem Verbrechen konfrontiert und wird dann stiller Partner dessen oder derer, die den heimtückischen Fall untersuchen. Manchmal ist man stolz, den Meisterdetektiven sogar einen Schritt voraus zu sein, aber wir wären ohne unseren braven Sherlock Holmes, der die vielen Fragen stellt, in Wahrheit natürlich längst gestrandet! Es macht ungeheuer Spaß, schneller als die andern etwas herauszufinden, aber letztlich brauchen wir eben doch wieder Leute, die uns den rechten Weg weisen. Leider trifft dies auch in meiner Welt zu.

Es gibt wohl kaum einen anderen Bereich im Leben, der so sehr zur Isolation verurteilt ist und seine Geheimnisse wahrt. Ich habe schon an anderer Stelle dargelegt, wie blind das Konzert-Establishment und die Schallplattenprofis gegenüber dem großen Publikum sind und daß sie es schlichtweg ignorieren. Sieht man aber einmal von ihnen ab, gibt es für die an klassischer Musik Interessierten nur noch den Weg, irgendwelche eigenen Erfahrungen zu machen. Wenn man dann die traurige Wahrheit einmal akzeptiert hat, daß es kaum Leute gibt, die man fragen könnte – es sei denn, man hat genau die richtigen Nachbarn –, bleiben einem nur noch wenige Möglichkeiten. Das Fernsehen bringt allerdings immer mehr auf Klassik ausgerichtete Sendungen; sie sind entweder so ähnlich aufgemacht wie *Top of the Pops*, oder aber sie sprechen ein Publikum an, das sich auch noch das Trocknen von

Farbe an einer Wand ansehen würde. Dazwischen gibt es zum Glück aber auch solche, die aus ihrem Thema wirklich etwas machen. Häufig ziehen sie einen Einblick in das Leben eines Komponisten der Darbietung eines Werkes vor, bei der man immer nur ein Gruppenbild sieht. Eine Person auf ihrem Lebensweg zu sehen und zu hören, hat etwas Beruhigendes an sich. Man erlebt ihre Höhen und Tiefen mit und illustriert mit Hilfe ihrer Musik, was sie erfahren hat. So erhält eine Plattenaufnahme eine bestimmte Bedeutung, sie wird ein musikalisches Skizzenbuch von Ereignissen, deren Zeuge man gewesen ist. Angesichts klassischer Namen und Musik aus vielen hundert Jahren rückt ein solches Programm einzelne Komponisten und Werke in den Vordergrund. Die Rundfunkprogramme leiden jedoch gelegentlich am gleichen Übel wie die Industrie: Sie leisten hervorragende Arbeit, aber eben nur für jene, die sich in der Klassikabteilung eines Plattenladens schon selber zurechtfinden. Was bleibt also? Zunächst einmal, natürlich, gelegentliche klassische Aufnahmen, die ihren Kopf recken und bekannt werden. Ein todsicherer Kauf. Außer diesen Raritäten gibt es klassische Potpourris, die man ganz nett als Muster nehmen kann und die zumindest die bekannten Musikpassagen, die man so oft in der Fernsehwerbung und als Erkennungsmelodien hört, beim rechten Namen nennen. Damit ist die Luft aber dann auch raus.

Natürlich gibt es daneben noch die etablierten Plattenclubs, die mit großem Aufwand ihre Ware in Verbindung mit Zeitschriften und Sonderangeboten unter die Leute bringen. Leider werden viele die Besorgnis nicht los, daß ihnen da etwas angedreht wird, was sie nicht wollen. Und so bleibt praktisch nur die Alternative, sich so gut wie möglich selbst zu informieren, in die Welt des geschriebenen Wortes einzutreten und sich auf ein Gebiet einzulassen, für das man dann praktisch Leute braucht, die für einen übersetzen, weil die Sprache und die Einteilungen einem nichts sagen. Diese sture Einteilung der Musik in spezielle Abteilungen, wie

Renaissance, Barock, Romantik, Klassik und so fort, hilft vielleicht im Musikunterricht weiter, macht aber kaum denen Lust, die aus reinem Interesse mehr wissen wollen. Aber immerhin sind diese Begriffe von einer ganz bestimmten Aura umgeben, die einem vertraut ist, vielleicht nicht aus der Musik, aber aus der Architektur, Kunst oder Literatur. Wenn dich jemand davon überzeugt, daß es sich lohnt, von einer bestimmten Epoche der Musikgeschichte mehr zu lernen, dann stößt du garantiert ganz zufällig auf die Ursprünge einer ganz anderen musikalischen Periode und damit auf die Wurzeln der Musik, die du magst und die ihre Blüte unter einem ganz anderen Etikett erlebt hat. Es wäre ganz bequem, eine Wahl zu treffen und dann zu sagen: »Ja, ich liebe Barockmusik.« Aber dann würde man bestimmt herausfinden, daß gerade die Elemente, die man daran mag, zum Wahrzeichen romantischer Kompositionen geworden sind. Die Komponisten jener Zeit haben Musik geschaffen, die, verbunden mit Vorstellungen einer anderen Generation, einen neuen Kompositionsstil hervorbrachte.

Die Einteilung von Musik in verschiedene Epochen hat sich in geschichtlichen Darstellungen durchaus bewährt. Um herauszufinden, was einem gefällt und was angeblich denselben Stil hat, ist diese Methode jedoch ungeeignet, und ehe einem da ein Licht aufgeht, hat man sich schon zu Tode gelangweilt. Ich bin weder Musikwissenschaftler noch Lehrer, ich gebe ganz offen der Musik den Vorzug, die mir gefällt. Ich kann höchstens ein paar Verbindungslinien ziehen zwischen den unterschiedlichen Werken, die ich kenne, und, indem ich die von mir bewunderten Komponisten einzeln betrachte, ihre Bedeutung in ihrer Zeit aufzeigen. Ich beurteile sie also nicht streng ihrer Klassifizierung nach, sondern mache klar, daß gute Musik die von Menschen gezogenen Grenzen überschreitet. Natürlich gehe ich rein subjektiv vor, aber genau so sollte die persönliche Beziehung zur Kultur doch sein. Ich kann nicht genug betonen, wie wertvoll es ist, sich einfach einem Komponisten oder einer bestimmten Musik zuzuwenden, die einem gefällt, um dann vielleicht diese Welt und ihre Auswirkungen näher zu erforschen und so weitere zu finden, die man mag. Daraus kann sehr schnell ein richtiges Detektivspiel entstehen, und zwar eins mit musikalischen und historischen Einblikken, die ganz überraschend zu anderen Komponisten und Werken führen können. Gut möglich, daß diese Jagd ein Leben lang anhält und immer wieder Vergnügen und Befriedigung verschafft.

Die Einteilung in Kategorien reicht an sich bis zu den alten Griechen zurück, aber ich fange hier mit einem etwas bekannteren Ausgangspunkt an, nämlich dem Barock, und gehe dann über Klassik und Romantik bis zu den Impressionisten und schließlich zur Mitte unseres Jahrhunderts vor. Da ich Klassifizierungen nun mal nicht mag, ist es auch nicht verwunderlich, daß ich mich nur auf jene Komponisten als große Repräsentanten ihrer Zeit stütze, die in ihren Werken weit über ihre Zeit hinausweisen.

Epoche:	BAROCK
Dauer:	Anfang des 17. Jahrhunderts bis Mitte des 18. Jahrhunderts
Meister:	JOHANN SEBASTIAN BACH
Lebensdaten:	21. März 1685 – 28. Juli 1750

Zu Beginn dieser Epoche der europäischen Geschichte bestritten die meisten Komponisten ihren Lebensunterhalt mit einer Anstellung bei der Kirche oder an einem der Höfe und produzierten am laufenden Band, was ihre Herren wünschten. Außerdem arbeiteten sie meist noch als Lehrer oder Gärtner oder machten sich auf andere Weise unentbehrlich. Es gab kaum Höhepunkte im Barock. Ein Umschwung begann sich zuerst in Italien abzuzeichnen, das zu dieser Zeit kulturell überhaupt führend war: Die Oper entstand; sie eröffnete neue musikalische Möglichkeiten. Es dauerte nicht lange, bis die kleinen Orchester selbständig zur Unterhaltung beitragen durften. Zu dieser Zeit war das Musikleben vollständig von italienischen Errungenschaften bestimmt: von der Oper, vom Geigenbau, der in Cremona in voller Blüte stand, ja sogar von der Entwicklung der konzertanten Musik. Die ganze Gesellschaft brach zu neuen Ufern auf. Die Komponisten griffen auf Vorlagen der Renaissance zurück, weil sie unbedingt die Gefühle stärker zum Ausdruck bringen wollten. Mit der Zeit löste man sich jedoch von den Vorstellungen früherer Zeiten. Es entstanden jene Harmonien und Rhythmen, die wir mit dem Barock verbinden. Mehr und mehr trat das Soloinstrument als Träger einer Hauptmelodie in den Vordergrund, die vom Orchester mit weiteren Stimmen und Rhythmen umspielt und verziert wurde. Viele der neuen Kompositionen gingen auf traditionelle Tanzrhythmen zurück, und das machte sie zumeist populär. Natürlich schenkte man nun den Solisten Beachtung, Instrumentalisten wie Corelli und Vivaldi, die (besonders der letztere) das Komponieren zu einem ernsthaften Geschäft machten, indem sie die neue Musik an adelige Besucher verkauften und so ihre Manuskripte sogar in Nordeuropa veröffentlichen konnten.

Die Musikszene in den anderen Ländern konnte damit natürlich nicht konkurrieren. In England hatte der Bürgerkrieg jeglichen Enthusiasmus erstickt. Frankreich war lediglich ein Spiegelbild Italiens, wenn auch am Hof Ludwigs XIV. durch Giovanni Lulli, der allerdings auch Italiener war, Grundlagen für eine gewisse Eigenständigkeit geschaffen wurden. (Es heißt, Ludwig XIV. habe an seinem Hof eine Orchesteruniform eingeführt; wer weiß, was der wohl mit mir angefangen hätte!) Infolge des Dreißigjährigen Krieges, der 1648 endete, lag Deutschland völlig am Boden. Und doch brachte schließlich Deutschland, der musikalischen Flutwelle zum Trotz, den wirklichen Meister dieser Epoche hervor: Johann Sebastian Bach.

Bach wurde geraume Zeit nach Ende des Krieges in eine Familie hineingeboren, die nach ihm noch buchstäblich Dutzende von Musikern hervorbrachte. Im gleichen Jahr kam auch Georg Friedrich Händel zur Welt, der zweite Exponent Deutschlands für die Barockzeit. Natürlich zog es auch ihn nach Italien, aber er ließ sich später in England nieder, wo er sehr erfolgreich wurde. Bach dagegen reiste nicht gerne. (Immerhin soll er aber einen Fußmarsch von über dreihundert Kilometern auf sich genommen haben, um den Organisten Buxtehude zu hören. Die Geschichte hört sich nicht übel an, aber es wird ihn doch wohl jemand mitgenommen haben, denn hin und zurück waren es immerhin weit über sechshundert Kilometer, die auch noch durch Bergland führten. Außerdem war es November, und er hätte mindestens dreißig Kilometer am Tag zurücklegen müssen.) Bachs Lebensgeschichte ist schnell erzählt. Er stammt aus Thüringen, heiratete 1707 mit zweiundzwanzig seine Cousine Maria – ein ereignisreiches Jahr, in dem er auch Organist in Mühlhausen wurde. Vier Monate nach der Heirat veröffentlichte er sein erstes Werk, eine Kantate zur Feier der Einsetzung eines neuen Stadtrats. Sie eröffnete eine lange Reihe von Werken, mit der Bach die Musikwelt beeindruckte.

Bis zu seinem Tod komponierte er mehr als eintausendfünfhundert Werke. An ihm schätze ich besonders, daß ihm die Qualität und Vielgestaltigkeit seiner Musik wesentlich wichtiger waren als das Streben nach Ruhm. Während viele seiner Zeitgenossen sich im öffentlichen Glanz sonnten, blieb er brav zu Hause, um diese herrlichen Werke zu schaffen, zu unterrichten, Schüler anzuleiten und sich als Meister an der Orgel zu betätigen. Seine Frau Maria hatte sieben Kinder; sie wurde nach dreizehn Ehejahren von einer Krankheit dahingerafft. Anderthalb Jahre später heiratete Bach erneut, und zwar Anna Magdalena, die Tochter eines Hoftrompeters. Sie bekam dreizehn Kinder. Eine fruchtbare Familie also in jeder Hinsicht!

Zeitweilig stand Bach im Dienst von Prinz Leopold von Anhalt, der selbst musizierte und für den er zahlreiche Werke schrieb. Da Bach nicht viel von der Orgel des Prinzen hielt, schrieb er lieber für Cembalo. Es heißt, Bach habe Christian Ludwig, Markgraf von Brandenburg, kennengelernt, während er sich in Berlin Cembali ansah. Die Bekanntschaft brachte ihm den Auftrag für eine ganze Reihe von Konzerten ein. Da er in der Hauptsache für den Prinzen arbeiten mußte, brauchte er ziemlich lange bis zur Vollendung der Konzerte. Aber gerade diese sechs Konzerte wurden zu Musterbeispielen der Barockmusik, es sind die sogenannten Brandenburgischen Konzerte. Sie bestehen jeweils aus drei Sätzen und sind wunderschön ausgewogen, mit vielen Wechseln, um die einzelnen Instrumentengruppen des Orchesters in Szene zu setzen. In dieser Epoche war der Sinn für Ausgewogenheit und Form hoch entwickelt, bei gleichzeitig intensiver Gefühlsbetontheit. Bachs Musik wurzelte häufig in der Volksmusik. Aber sein einfallsreicher, harmonischer Geist hat die Empfindungen großartig vertieft. Er gab sich nicht damit zufrieden, daß etwas bis dahin immer schon so gewesen war, sondern probierte kühn neue Harmonien aus. Er war nicht nur hoch musikalisch, sondern auch ein exzellenter Techniker, der einen ungeheuren Formenreichtum entfaltete, den Kanon, verschiedene Formen der Fuge und die Vergrößerung, der einfach alles, was ihm richtig erschien, beherrschte, und dann auch noch alles mathematisch und musikalisch perfekt zusammenfügte. Das Konzert für zwei Violinen, das sogenannte Doppelkonzert, ist auch ein hervorragendes Werk.

Im Alter von achtunddreißig Jahren übernahm Bach die Stelle des Kantors der Stadt Leipzig, die mit zahlreichen Verpflichtungen verbunden war. Ihm unterstand nicht nur die Kirchenmusik, sondern zu seinen Aufgaben gehörten auch Dinge wie die Brennholzbeschaffung für die Schule. Erneut bewies er der Welt seine Überlegenheit: Er komponierte in Leipzig das Weihnachtsoratorium und die atemberaubende h-Moll-Messe.

Inzwischen waren die Schatten der Renaissance verblaßt, und das Vertrauen in die eigenen Fähigkeiten war enorm gestiegen. Manche Komponisten bewahrten jedoch das Vermächtnis jener Zeit, die Gefühle möglichst lebhaft darzustellen. Es ging ihnen dabei allerdings nicht in erster Linie um persönliche Gefühle und Empfindungen, sondern um allgemeine Festlichkeit, Andacht und Ergriffenheit. Sogar am Ausgang einer sogenannten Epoche kann man die Einflüsse noch genau erkennen, und das bedeutet, daß man auch die Auswirkungen auf nachfolgende Bewegungen voraussehen kann.

Bach war nicht ein einzelner leuchtender Komet. Er stand in einer Musiktradition, er lernte mit wachen Sinnen von den führenden Größen der Zeit, zum Beispiel von Vivaldi, und vermochte dann der gesamten Epoche seinen Stempel aufzudrücken. Es dauerte hundert Jahre, bis ein weiterer Komponist den Taktstock übernahm und Bach musikalisch ebenbürtig wurde.

Gegen Ende seines Lebens erkrankte Bach am grauen Star und erblindete fast ganz. Eine Operation mißlang. Er starb an einer Hirnblutung. Von da an war er mehr oder weniger vergessen, bis Mendelssohn 1829 – die Klassik neigte sich ihrem Ende zu, die Romantik wurde aus der Taufe gehoben – in Berlin die Matthäus-Passion wieder aufführte. Beethoven, der zwanzig Jahre nach Bachs Tod geboren wurde, entwickelte sich in aller Stille unter seinen Fittichen. Er spielte Bach, saugte dessen Genius in sich auf und wartete ab, bis er selbst die Bühne betrat. Wenn ihr euch also zu den reifen Werken Bachs hingezogen fühlt, solltet ihr auch Beethovens Werdegang erforschen.

Epoche:	KLASSIK
Dauer:	Mitte des 18. bis ungefähr in die zwanziger Jahre des 19. Jahrhunderts
Meister:	LUDWIG VAN BEETHOVEN
Lebensdaten:	Taufe 17. Dez. 1770 – 26. März 1827

Diese Epoche mag ich persönlich nicht besonders. Die bekanntesten Vertreter sind Haydn und Mozart. Haydns Musik ist strukturell makellos und voll von cleveren, interessanten und hochgeistigen Einfällen. Nun bevorzuge ich aber entschieden seelenvolle Musik, und die kann ich bei Haydn beim besten Willen nicht entdecken. Für mich reichen Intellekt und Witz für große Musik nicht aus. In Mozarts Werk gibt es diesen Mangel an Menschlichkeit sicherlich nicht; hier besteht für mich aber das Problem, daß ich auf dem Konzertpodium als Sologeiger auftrete, seine Violinkonzerte jedoch für nicht viel besser halte als zahlreiche Werke seiner Zeitgenossen, die längst vergessen sind. Es hört sich alles ganz glatt und nett an, entspricht technisch dem Kompositionsstil der Zeit, klingt aber für meine Ohren zu sehr wie Hintergrundmusik bei einem Yuppie-Essen für ein paar Freunde. Das Verständnis für diese Musik wird allerdings durch die Art erschwert, in der sie uns gewöhnlich dargeboten wird. Die Interpreten geben sich häufig ganz zugeknöpft, um nicht aus dem traditionellen Rahmen zu fallen (dabei kann nur sterile Musik herauskommen). Andere versuchen den Stil dieser Epoche so bewußt zu treffen – und sind darauf ganz stolz –, daß die Musik geradezu geziert wirkt. Meine Distanziertheit gegenüber dieser musikalischen Epoche hat in dem Maß zugenommen, in dem diese Aufführungspraxis in Mode kam. Ich kann mich jedenfalls nicht erinnern, daß Mozart und Haydn mich als Kind kalt gelassen hätten, wenn ich hörte, wie Menuhin, Stern, Kreisler, Casals, Furtwängler oder andere sie spielten. Ich bin mir ganz sicher, daß meine Art Mozart zu spielen, dem gegenwärtigen Trend völlig zuwiderlaufen würde und daß dieser Trend den tieferen und kommunikativen Aspekten dieser Musik entgegensteht.

Mozart und Haydn schrieben ihre Musik innerhalb (als Anführer) einer Bewegung, die von den übersteigerten Schnörkeln und harmonischen Raffinessen des Barocks wegkommen und die Musik vereinfachen wollte. Melodie und einfacher Chorsatz lautete

die Devise. Daß die Musik außerdem großenteils auf eine gestelz-
te, schnieke Gesellschaft zugeschneidert war, erklärt vielleicht,
warum sie so nach »Berieselungsmusik der oberen Zehntausend«
riecht. Mozarts großes Genie hat jedoch diesen gesellschaftlichen
Rahmen häufig überwunden; viele seiner Werke für Klavier, seine
Opern und auch die konzertante Symphonie Es-Dur für Violine,
Viola und Orchester sind sehr persönlich und hochkarätig und
machen deutlich, was wir in den Violinkonzerten vermissen.

Nun aber Schluß mit dem negativen Scheiß: Eigentlich wollte
ich doch von dem Typen erzählen, der meiner Meinung nach das
Etikett »klassisch« wirklich verdient: Ludwig van Beethoven.
Ludwig tummelte sich in verschiedenen Stilen, aber vor allem
schaffte er den Durchbruch von der Klassik zur Romantik. Seine
frühen Kompositionen sind von Mozart und Haydn beeinflußt.
Die Einheit von Form und Inhalt gelang ihm aber schon bald besser als seinen Vorgängern.

In der mittleren Schaffensperiode erweiterte er die Tiefe seines
Ausdrucks, indem er mit neuen Harmonien experimentierte. Damit ließ er die trockenen Harmonielehren seiner ehemaligen Vor-
bilder hinter sich. Am Ende seines Lebens hatte Beethoven die
Grundlagen für die Romantik geschaffen.

Seine Epoche war ausgesprochen kosmopolitisch. Man bemüh-
te sich intensiv um die allgemeine Verwirklichung von Humani-
tät. Religion, Kunst, Musik und Literatur sollten allen zugänglich
sein und der Entfaltung des Individuums dienen. Die Rechte des
Individuums standen ganz oben. Sogar in den Vereinigten Staaten schlugen sich diese Bestrebungen nieder. In dieser »Epoche«
fand die amerikanische Revolution statt und wurde die amerikanische Verfassung geboren. Vordergründig hört sich das wundervoll an, stimulierend; unter solchen Umständen möchte wohl jeder kreative Mensch leben. Und dennoch habe ich da meine
Probleme, natürlich nicht, weil ich die Verdienste, die aus diesem
Aufbruch resultierten, nicht schätzen würde, sondern weil die

neu entstehende Musik sich wieder reglementieren ließ. Sie wandte sich zwar an die Öffentlichkeit, es entstanden große Orchester (irgendwo habe ich gelesen, es seien rund 16 000 neue Symphonien entstanden), aber Emotionen, Leidenschaft und echte Individualität in der Musik kamen doch nicht zum Zug. Natürlich rief man das Zeitalter der Aufklärung, des Individuums aus; doch in Wirklichkeit sprach man ständig über den Pöbel und nicht über das schöpferische Individuum. Es war eine Epoche von massiver musikalischer Gleichförmigkeit, in der man der Mode huldigte, vergleichbar mit der Zeit, in der man ständig überall nur Discomusik hörte: die gleichen Rhythmen und Tempi, kurz gesagt Sterilität. Eine starre geregelte Freiheitserklärung, die sich kulturell an die Antike anlehnte. Dagegen bezog sich die nachfolgende Romantik auf das Mittelalter und war volkstümlicher.

Daß ich Probleme mit der Scheinheiligkeit einer Zeit habe, die Freiheit fordert und dann der Kreativität Grenzen setzt, tut der Tatsache, daß diese Epoche unter dem Stern Mozarts und Haydns stand, keinen Abbruch. Wenn auch die Musik dieser Zeit von der neuen Öffentlichkeit nichts einfordern konnte, so wurde doch die Saat für künftige, bessere Zeiten gelegt.

Der junge Beethoven reiste mit sechzehn Jahren vom heimatlichen Bonn zu Mozart nach Wien. Er hatte das Glück, ihm vorspielen zu dürfen. Doch bevor sich daraus etwas entwickeln konnte, starb Ludwigs Mutter. Beethoven mußte zurückkehren und mit Auftritten in der Heimat zum Lebensunterhalt der Familie beitragen. Zufällig kam Haydn auf dem Weg nach oder von London durch Bonn. Der junge Beethoven (mittlerweile einundzwanzig) beeindruckte ihn derart, daß Haydn ihn mit nach Wien nehmen und unterrichten wollte. Weil Haydn aber nach England zurückkehrte, gingen diese Pläne daneben. Ganz im Geist dieser menschenfreundlichen Zeit half Haydn jedoch Beethoven, sich weiterzuentwickeln, indem er ihn finanziell unterstützte. Beethoven wurde in Wien rasch in allen Kreisen akzeptiert. Seine

Arbeiten zeigten anfangs den Einfluß Mozarts und Haydns. Damals hatte er noch nicht zu seinem eigenen Stil gefunden.

In der ersten Dekade des neuen Jahrhunderts schuf Beethoven viele wichtige und zum Teil ganz persönliche Werke, so unterschiedliche Kompositionen wie die Mondscheinsonate und einen bedeutenden Teil seiner Symphonien. In all diesen Werken kündigte sich bereits die kommende romantische Epoche an. Über manche rümpfte man damals die Nase, da sie persönliche Erfahrungen und Leidenschaften so deutlich zum Ausdruck brachten. Sie waren von unmittelbarer Präsenz; sie drückten eine Rastlosigkeit, eine Empfindsamkeit aus, die die Zeitgenossen verdrängten, die aber die kommenden Romantiker stark faszinierte und beeinflußte.

In seiner letzten Schaffensperiode vervollkommnete Beethoven all das, was er sich angeeignet hatte. Er schuf unter anderem auch die Neunte Symphonie. Verglichen etwa mit Haydn, hat er recht wenig geschrieben: nur gerade neun Symphonien, Haydn dagegen hundert. Im Gegensatz zu den anderen Komponisten der Klassik schöpfte Beethoven jedoch aus den Tiefen seines Gemüts, beschwor oft den Krieg, um gewaltige Stimmungen zu erzeugen. Seine fortschreitende Taubheit muß unvorstellbar quälend für ihn gewesen sein. Er hat keine Mühen gescheut, sie zu heilen. Mit der Verzweiflung, die ihn immer wieder überkam, mußte er ganz allein fertig werden, er hat nie geheiratet. Im Alter von sechsundfünfzig Jahren erkrankte er auf der Rückreise nach Wien an Rippenfellentzündung, Wassersucht und schließlich auch noch an Gelbsucht. Obwohl man den großen Mann mit allen Mitteln zu retten versuchte, starb er nach drei Monaten. Einem Gerücht zufolge soll in seiner Sterbestunde ein Gewittersturm über die mittägliche Stadt dahingefegt sein. Ein passendes Finale für einen Menschen, der einmal gesagt haben soll: »Sie fragen mich, woher ich meine Ideen nehme. Das kann ich nicht mit Sicherheit sagen; sie suchen mich, direkt oder indirekt, uneingeladen auf. Ich kann sie fast mit Händen greifen, draußen in der Natur, in den Wäldern, auf meinen Spaziergängen, in der Stille der Nacht, beim Morgengrauen. Sie werden durch Stimmungen erzeugt, die sich bei einem Dichter in Worte verwandeln, bei mir in Töne; jenes Rauschen, Brausen und Stürmen wird schließlich zu Tönen.« Er war immer sein eigener Herr, und deswegen bewundere ich ihn sehr. Nachdem die Musiker jahrhundertelang Lakaien waren, häufig zusätzlich Gesindearbeiten verrichten mußten, nur um komponieren zu können, widersetzte sich Beethoven diesem System. Er hat herrliche Werke geschaffen, ohne der herrschenden Mode zu huldigen, und er starb, ohne jemals Auftragsmusik verfaßt zu haben. Diese Charakterstärke findet sich auch in seinen Kompositionen wieder.

Ich habe nun versucht, die Verbindungen zwischen den Musikepochen aufzuzeigen, und vielleicht ist deutlich geworden, worauf ich hinaus will. Obwohl Beethoven stark von Bach und dem Barock geprägt war, hatte er, als er starb, der Romantik Geburtshilfe geleistet. Die Klassik (über die ich hier ja eigentlich schreibe) war für ihn nur ein Einfluß in der stetigen Fortentwicklung der Musik. Wer bis hierher gelesen hat, dürfte mich nun gut genug kennen, um festzustellen, daß Beethoven mir wesensverwandt ist, daß er einer war, der weder seine Musik noch seine Gefühle der vorherrschenden Meinung zuliebe kompromittierte. Irgendwann bin ich auf eine zeitgenössische Beschreibung dieses Mannes gestoßen, und drei Sätze daraus rührten mich ganz merkwürdig an: »Wenn er zu uns kam, pflegte er den Kopf zur Tür hereinzustecken, um sich zu vergewissern, daß niemand anwesend war, den er nicht leiden konnte. Er war ganz schlicht gekleidet, hob sich nicht groß von der Mode, speziell der unserer Kreise, ab. Zudem sprach er stark Dialekt in recht gewöhnlichen Worten.«

Ojemine, wie kann ein klassischer Musiker bloß so *normal* sein!!!

Epoche:	ROMANTIK
Dauer:	Von ungefähr 1820 bis in die frühen Jahre des 20. Jahrhunderts
Meister:	JOHANNES BRAHMS
Lebensdaten:	7. Mai 1833 – 3. April 1897

Zu dieser Musikepoche fühle ich mich am stärksten hingezogen. Der Geist jener Zeit, die Musik, die er inspiriert hat, stellen meine eigene Gefühlswelt in vergrößertem Maßstab dar. Aber es ist nicht nur diese grundsätzliche Sympathie, genauso stark voreingenommen bin ich durch meine Liebe zu Brahms' Violinkonzert, es trifft die Stimmung jener Zeit und meine Empfindungen so vollkommen. Es gehört zu den größten Kompositionen einer musikalisch faszinierenden Zeit. Gerade die Ablehnung früherer Einflüsse ließ die Romantik ihre eigene Aussage finden und entwickeln. Die strenge Disziplin der Klassik förderte Tugenden wie Beherrschung, Perfektion, Ordentlichkeit und bevormundete mit ihrer Begrenzung auf bedeutende Inhalte die Öffentlichkeit ein wenig. Dies forderte eine Reaktion heraus: Die entsprechende Tugend der neuen Bewegung bestand in der Verherrlichung und der Beschwörung der Leidenschaften, dem Traum vom Unerreichbaren, der Freiheit, ja, sogar der Einsamkeit im romantischen Sinne. Es war ein schöpferischer Freibrief für die Träumenden, die während der Klassik kommerziell unterdrückt worden waren. Daß solche Empfindungen nun an die Oberfläche gelangten, war durchaus kein Zufall, denn für viele Leute in Europa verschwanden gerade jene Qualitäten sichtbar und spürbar aus ihrem Leben.

Die industrielle Revolution veränderte die Lebensweise der meisten Leute in schnellen Schritten. Große Städte wie London vervierfachten ihre Größe während dieses Jahrhunderts, wodurch ein großer Teil der freien Flächen verschwand, die Menschen kamen sich immer mehr wie Gefangene vor. Dieser riesige Bevölkerungszuwachs führte zur Massengesellschaft, und deshalb fühlte man sich zu Musik, Gemälden und Literatur hingezogen; sie zeichneten alle ländliche Idyllen. Beethovens *Pastorale* oder auch Turners Bilder übten eine magnetische Anziehungskraft aus. Paris erlebte die gleiche Bevölkerungsexplosion. Die französischen Impressionisten füllten die alljährlichen Ausstellungen mit stimmungsgeladenen Studien des ländlichen Lebens. Am besten aber ließen sich die ersehnte Abgeschiedenheit, die eskapistischen Träume in der Musik ausdrücken.

Unter diesen Umständen lebten viele Komponisten erfolgreich als freischaffende Künstler, aber ihre eben errungene wirtschaftliche Unabhängigkeit wurde auf eine harte Probe gestellt. Der Wunsch nach aufwühlenden, phantasievollen, großen Werken mußte sich gegen ein schnell aufblühendes Interesse an Balladen behaupten, die das Publikum ebenso erfolgreich mit romantischen Vorstellungen unterhielten. Diese Situation verlangte nach zwei unterschiedlichen Musikerpersönlichkeiten, was für viele Komponisten zum Problem wurde. Je umfassender und gefühlsbetonter eine Komposition, je zahlreicher das neue Publikum und je größer die Konzerthallen waren, desto verletzlicher fühlte sich der einsame Komponist und wünschte sich zurückzuziehen. Er wurde gleichsam zu der einsamen, vom Wind umtobten Figur, die zeitgenössische Bilder oft zeigen. Diese Hinwendung zu heroischen Träumen entfesselte eine solche Kraft, daß sich kleine Zirkel von Gleichgesinnten zu künstlerischen Aktionsgruppen zusammenfanden. Gegen Ende der Romantik überzog man das alles etwas, betrieb die Sache leicht manisch, so wie auf jenen wüsten, dunklen Ölschinken mit mythologischen Szenen voller Tragik. Es machte sich Hoffnungslosigkeit breit, eine Atmosphäre der verlorenen Seelen, in der Mahler und Wagner gediehen. Dieser Überschwang der Gefühle leitete über zum Impressionismus. Eine weitere wichtige musikalische Facette der Romantik war ihre Hinwendung zum Nationalismus, wahrscheinlich wiederum teilweise als Reaktion auf die früheren klassischen Ideale. In einigen Ländern wurden die neuen Möglichkeiten, sich musikalisch auszudrücken, besonders freudig begrüßt. Hier bot sich Gefühlen ein Ausweg, die man sonst nicht allzu freimütig zur Schau stellen durfte. Ein Beispiel dafür ist Deutschland, wo Volkslieder sehr populär wurden. Dazu wurde auch die Zigeunermusik gerechnet, obwohl sie eigentlich eine exotische Mischung verschiedener Nationen und Kulturen darstellt. Die einfachen ungarischen Melodien waren landauf, landab bekannt und bildeten so die Basis für viele romantische Inspirationen. Obwohl die ursprünglichen Lieder und Rhythmen oft plattgewalzt wurden, gab man die Illusion von ihrem Ursprung aus dem Volk nicht auf. In der zweiten Hälfte des Jahrhunderts kam solcherart ungarisches Volksgut groß in Mode.

Brahms hatte einen ungarischen Freund, er hieß Edward und war auch Geiger. Gemeinsam widmeten sie sich der Zigeunermusik. Sie zogen zusammen durchs Land, wobei Edward Brahms mit weiteren Leuten aus seinem Freundeskreis bekannt machte, zum Beispiel mit Joseph Joachim, der in der gleichen Branche sehr erfolgreich war. Brahms hatte ihn bei seinem Besuch in Hamburg spielen gehört und war von seiner Beethoven-Interpretation hingerissen. Später wurden sie enge Freunde. Brahms gab sehr viel auf Joachims Urteil.

Johannes Brahms stammte aus eher bescheidenen Hamburger Verhältnissen. Sein Vater war Kontrabaßspieler, und gemeinsam stockten sie das Familieneinkommen durch Musizieren in Hamburger Hafenkneipen auf. Mit fünfzehn hatte Brahms seinen ersten Soloauftritt als Pianist, und mit zwanzig schickte er einem der damals führenden Komponisten seine Kompositionsversuche zur Beurteilung zu: Robert Schumann. Als Brahms ihn bald darauf in Düsseldorf besuchte, mußte er feststellen, daß Schumann sich die Arbeiten gar nicht angesehen hatte. Er wurde aber hereingebeten und riß Robert und die Pianistin Clara Schumann, seine Frau, mit dem Vortrag eines seiner Stücke glatt vom Hocker. Man freundete sich an, und schon nach wenigen Wochen pries Schumann Brahms' Genialität in aller Öffentlichkeit. Schumann nahm ein tragisches Ende. Nur sechs Monate später unternahm er infolge seines geistigen Zusammenbruchs einen Selbstmordversuch. Die restlichen beiden Jahre seines Lebens verbrachte er überwiegend in einer Heilanstalt. Gegen Ende dieser schweren Zeit entlastete Brahms Clara dadurch, daß er die Krankenbesuche übernahm. Zwischen Clara und Brahms entwickelte sich eine lebenslange Freundschaft, die die Phantasie so mancher Biographinnen und Biographen stark beschäftigt hat: Sicher ist, daß Brahms Clara von Anfang an verehrte. Aber es gibt keine Beweise dafür, daß sie oder er Schumanns Andenken nicht treu waren. Dieses perfekte romantische Szenario, bis hin zur bitteren Süße verbotener Liebe, muß für Brahms' Kompositionstätigkeit ein starker Antrieb gewesen sein.

Etwa um diese Zeit begann Brahms mit der Niederschrift seiner ersten Symphonie. Kurze Zeit darauf veröffentlichte er seine Bearbeitung von vierzehn deutschen Volksliedern, die er Robert und Clara widmete. Die Symphonie wurde erst achtzehn Jahre später vollendet und aufgeführt – so groß war der Respekt davor, Symphonien zu schreiben, solange Beethovens Werk dieses Genre so sehr beherrschte. Ironischerweise erlaubte sich der Dirigent nach all dieser Vorsicht bei der Premiere den Scherz, die Symphonie als »die Zehnte« zu bezeichnen und sie dadurch den Werken Beethovens hinzuzufügen. Von demselben Mann, es war Hans von Bülow, stammt auch der berühmte Ausspruch von den »drei Bs« in der Musik: Bach, Beethoven, Brahms. Er könnte also genausogut die drei letzten Abschnitte dieses Buches geschrieben haben! Aber Brahms' Erfolg war auch kein Wunder, denn ein großes Werk setzt sich immer durch, auch wenn es lange dauert.

Joachim versuchte Brahms dazu zu bewegen, ein Violinkonzert zu schreiben. Wie Beethoven komponierte Johannes vorzugswei-

183

se während seiner Aufenthalte auf dem Land. Aus diesem Grund zog er sich den ganzen Sommer über zu einem Arbeitsurlaub zurück. Den Sommer, der auf die Fertigstellung seiner ersten Symphonie folgte, verbrachte er in Pörtschach, einem Dorf in Alpennähe, wo seine zweite Symphonie entstand. Die Alpen, die Wälder und Seen hinterließen einen so starken Eindruck bei ihm, daß er im Sommer darauf wieder dorthin fuhr und das herrliche Violinkonzert komponierte. Er schickte das Werk zur Begutachtung an Joachim, der sofort herbeieilte. Sie gerieten darüber in heiße Diskussionen. Da sie Freunde und gleichzeitig bedeutende Musiker waren, erarbeiteten sie gemeinsam ein ausgewogenes Musikstück, ein Werk, das heute als sehr anspruchsvoll gilt. Ihre Freundschaft ging so weit, daß Brahms den Solopart, die Kadenz (die in der Regel von den Solisten selbst frei gestaltet wurde), von Joachim ausarbeiten ließ. Diese Kadenz wird heute bei Aufführungen meist noch gespielt; die Traditionalisten bestehen natürlich darauf, daß sie zum Werk gehört. Hätte Brahms jedoch diese Interpretation als etwas Unverrückbares angesehen, hätte er sie wohl nicht einem anderen Geiger überlassen.

Während meiner Aufnahme mit Klaus Tennstedt und den Londoner Philharmonikern erhielt ich die Gelegenheit, meine eigene Version der Kadenz im Brahms-Konzert zu spielen, was für mich in Anbetracht meiner Liebe zu dieser Musik eine wundervolle Sache war. Ich fühle mich diesem Stück ganz besonders stark verbunden; bereits mit Sechzehn war mir das, was Brahms darin ausdrückt, so vertraut, daß ich für mein Londoner Konzertdiplom als erster jemals die volle Punktzahl bei einer Prüfung erhielt. Meiner Auffassung nach unterwerfen wir uns viel zu leicht allzu starren Formen, selbst in der zeitgenössischen U-Musik, die so eingefahren ist, daß sich die Stücke fast alle gleich anhören, eine Art Reprise der Schwächen der klassischen Musik. Möglich, daß wir für die Zukunft auf eine neue romantische Welle hoffen dürfen, das käme mir sehr gelegen.

Epoche:	IMPRESSIONISMUS
Dauer:	Letztes Viertel des 19. Jahrhunderts bis
	in die Zeit nach dem Ersten Weltkrieg
Meister:	CLAUDE DEBUSSY
Lebensdaten:	22. August 1862 – 25. März 1918
Meister:	MAURICE RAVEL
Lebensdaten:	7. März 1875 – 28. Dezember 1937

Wenn man sich mit dieser Epoche zu beschäftigen beginnt, könnte man nur zu leicht neurotisch werden. Ein bedeutender Teil des musikalischen Schaffens dieser Zeit rückt im übrigen die Komponisten selbst in die Nähe dieses Zustands: die dunklen Wolken Wagners, das Wechselbad politischer und sozialer Veränderungen, die ständige Erweiterung von Orchestern und Märkten, all dies trug zu jener stürmischen Aktivität bei. Die drohenden Schatten von Spannungen und Krieg spiegelten sich in einer kühl kalkulierten Annäherung an die Musik mit mehr hämmernden Rhythmen wider.

Als Schutz gegen diesen verwirrenden Dschungel musikalischer Abenteuer schufen ein, zwei Männer ihre eigene kleine Bewegung. Sie setzte sich aus ganz verschiedenen Einflüssen zusammen und wurde unter der erdrückenden Gewalt des Ersten Weltkrieges erstickt. Glücklicherweise war und ist die Liebe zu glanzvollen Orchesterstücken so groß, daß ihr brillantes Werk die Zeit überdauerte.

Hauptakteur war Claude Debussy, einer der großen französischen Komponisten, der, nur auf sich gestellt, seine persönliche Sichtweise auf die musikalische Bühne des Jahrhunderts brachte. Zu Beginn stand er, wie so viele andere, unter Wagners Einfluß, aber Paris, wo er sich zu der Zeit aufhielt, beflügelte seine Phantasie in einer unnachahmlichen Weise. Es war eine künstlerisch und intellektuell außerordentlich bewegte Zeit, in der die alten Methoden in jeder Bar und jedem Studio in Frage gestellt wurden. Es war auch die Ära von Claude Monet, und es war einer der Kritiker der Gemälde Monets, der den Begriff Impressionismus prägte. Etliche Nachschlagewerke sehen eine Parallele in den künstlerischen und musikalischen Bewegungen (was im großen und ganzen stimmt, obwohl die Musikepochen im allgemeinen denen der Kunst erst folgen). In diesem Fall ist jedoch die Gleichsetzung gerechtfertigt, sogar bis in auffallende Details. So bezeichnete zum Beispiel ein Kritiker anläßlich einer Besprechung von Debussys Werk *Printemps* die Werke von Brahms als impressionistisch, jammerte über den Mangel an struktureller Präzision und regte sich über die Farben darin auf. Allerdings überrascht es kaum, daß ein Pariser Kritiker auf dem Höhepunkt des französischen Impressionismus in der Malerei eine solche Analogie herstellte. Wichtiger ist, daß Debussy von denselben Dingen wegstrebte, von denen auch die impressionistischen Maler, wie Monet, Abstand nahmen. Debussy wie Monet versuchten dem Trend zu widerstehen, sich mit allen Mitteln dem kreativen Prozeß hinzugeben, um eine Aussage zu machen. Wie die Maler versuchte der Komponist Claude Debussy gegen den Strom zu schwimmen und die Themen wiederzubeleben, die ihn reizten, wobei er sich darauf konzentrierte, sie einfach darzustellen, betont, aber nicht überladen. Die Parallele geht aber noch tiefer. Wer einmal das Glück hatte, vor einem bedeutenden impressionistischen Gemälde zu stehen, weiß, daß der Grund für den Erfolg eines Gemäldes nicht allein auf das Spiel von Licht und Schatten und Farben, sondern auch auf die technische Meisterschaft des Malers zurückzuführen ist. Dasselbe gilt für das Werk von Debussy, dessen Vorliebe für Farbe und Atmosphäre vom Verständnis formaler Strukturen hervorragend untermauert ist, die gegen Ende der romantischen Epoche wirkungsvoll eingesetzt wurden. Es mag sein, daß er wegen der endlosen Diskussionen in seinem intellektuellen Freundeskreis so aufgeschlossen war für neue Ideen. So ließ er sich von orientalischer Musik, die er auf der

Weltausstellung in Paris 1889 gehört hatte, begeistern, was ihn zur subtilen Verwendung exotischer Farben anregte. Wenn der Ausdruck Maler einem Komponisten ansteht, dann mit Sicherheit Debussy. Immer sind die Motive wunderschön abgetönt und erhalten dadurch eine Art französischer Eleganz. Seine neuen musikalischen Gedanken, die Harmonien und Tonarten, die er einführte, hatten eine weitreichende Wirkung. Praktisch alle bedeutenden Komponisten der ersten Hälfte unseres Jahrhunderts haben sich in irgendeiner Weise von seinem Genie inspirieren lassen. Debussys symphonische Skizzen – *La mer* (vollendet in einem britischen Badeort), *Jeux* (das er für Diaghilews russisches Ballett schrieb) und das beziehungsreiche *Prélude à l'après-midi d'un faune* – stehen neben der *Suite bergamasque,* wozu auch das beliebte Stück *Clair de lune* gehört. Und natürlich hat er das Repertoire für Klavier um einige herrliche Werke bereichert.

Maurice Ravel war ein ganz anderer Mensch. Er war kleingewachsen, oft allein, nie verheiratet, und er hat sich fast zeitlebens um seine Mum gekümmert. Wenn auch nicht gerade ein Einsiedler, so war er doch recht spröde und brüskierte manchmal auch seine Umgebung. Also nicht einer, den man als warmherzigen Freund bezeichnen würde, und dennoch hat ihn Strawinsky einen solchen genannt; ja, er war sogar davon überzeugt, daß Ravel der einzige Musiker sei, der sein Werk *Le sacre du printemps* wirklich zu schätzen wisse. All das würde nicht vermuten lassen, daß Ravel ein natürlicher Mitstreiter für Debussys Anliegen war. Aber genau das war er. Er hatte die feine Hand des Meisters, mit der er zarteste Klangschattierungen miteinander verband. Jedes einzelne der wie wundervolle Puzzleteile gearbeiteten Details fügte er zu imaginären Bildern zusammen. Diese Fähigkeit machte ihn auch zu einem guten Dirigenten, der dasselbe mit einem ganzen Orchester fertigbrachte. Obwohl Ravel der klassischen Tradition stark verhaftet war, unterwarf er sich niemals ihren Restriktionen, den Kontrollinstrumenten Struktureinheit und Ordnung. Aber gerade deshalb hat er Farben und Rhythmen von großer Individualität geschaffen: Wienerisches, Spanisches, Jazzelemente zu komplexen Stücken ineinandergewoben. Ravel hat sich auch der Herausforderung gestellt, Ballettmusik zu komponieren, so zum Beispiel *Daphnis et Chloé* für Diaghilew. Er hat sich intensiv für die Volksmusik zahlreicher Länder interessiert und war wie Debussy und andere Zeitgenossen von allem Exotischen fasziniert. Mit vierundzwanzig Jahren dirigierte er erstmals sein beliebtes Werk *Shéhérezade,* und dreißig Jahre später stellte er der Welt sein berühmtestes, ebenfalls mit Elementen aus fremder Tradition gepfeffertes Werk *Bolero* vor, das bei der Premiere weithin Aufsehen erregte. Als eine anwesende Dame den kleinen Mann lauthals für verrückt erklärte, soll er dazu genickt haben, leicht in Rage zu bringen war er offenbar nicht.

Im Ersten Weltkrieg wurde Ravel als Ambulanzfahrer eingesetzt (und mußte sich sogar davon im Krankenhaus erholen), andere Aufgaben traute man ihm seiner Schwächlichkeit wegen nicht zu. Viel später dann wurde er von einem Lastwagen angefahren und erlitt eine Hirnverletzung; eine mißlungene Operation stand am Ende seiner Lebensgeschichte.

Die Verbindungslinien, die zwischen den früheren Epochen so ausgeprägt waren, werden im Verlauf dieses an Stilrichtungen und Veränderungen überreichen Jahrhunderts immer komplexer. Sicherlich waren Ravel und zweifellos auch Debussy von Franz Liszts *Les jeux d'eau à la Villa d'Este,* einem Stück aus einer Sammlung von vertonten Gedichten, die kurz nach Ravels Geburt herausgekommen war, stark beeinflußt. Einige von Liszts späteren Klavierwerken waren ebenso frühe Wegbereiter wie auch Elemente der Werke eines anderen Komponisten: Sein Name ist Frédéric Chopin.

Zu den von Debussy und Ravel beeinflußten Komponisten gehörten Puccini, Bartók, Berg, Strauss, und auch viele andere haben von ihren Ideen profitiert. Selbst Vertreter entgegengesetzter Richtungen wie Erik Satie schätzten Debussy hoch ein. Hätte die Tragödie des Ersten Weltkrieges nicht alles zerstört, hätten die Impressionisten womöglich noch einen erheblich größeren Einfluß gehabt. Debussy trat im Mai 1917 zum letzten Mal öffentlich auf. Im März des darauffolgenden Jahres starb er an Krebs. Ravel zog sich in seinen letzten Werken auf die sicheren Positionen der Klassik zurück. Die übrigen Komponisten und das große Publikum waren durch die Atmosphäre von Haß und Tod wie betäubt.

Epoche:	JAZZ
Dauer:	Ein Anfang ist kaum festzulegen, wie bei all diesen »Epochen«. Sagen wir mal Ende des 19. Jahrhunderts. Enden wird sie nie!
Meister:	MILES DAVIS
Lebensdaten:	25. Mai 1926 – 28. September 1991

Die ungeheuren Divergenzen in der Musik seit Beginn unseres Jahrhunderts machen eine Klassifizierung äußerst schwierig. Ich habe den Impressionismus herausgegriffen, weil ich ihn sehr liebe. Er war aber keineswegs die einzige Strömung. Um ein paar Beispiele zu nennen: Leute wie Vaughan Williams, Elgar und Holst entwickelten innerhalb der Konventionen jeweils ihren eigenen Stil. Schönberg und Strawinsky setzten sich allerdings noch viel radikaler von der Tradition ab. Doch hat sich die Veränderung, genau wie in früheren Epochen, ganz unspektakulär über Jahrzehnte hinweg vollzogen. Gesellschaftliche Bedingungen, politische Ereignisse, Gegenreaktionen auf den vorherrschenden Geschmack, all dies hat dazu beigetragen. Die zunehmende Bedeutung der Vereinigten Staaten und der rege Austausch über den Atlantik hinweg eröffneten zusätzlich neue Dimensionen.

Seit den achtziger Jahren des 19. Jahrhunderts wurde dort in den Südstaaten schon eine Musik gespielt, die später als Jazz bekannt geworden ist. Mit Sicherheit war der Jazz zu Beginn in New Orleans zu Hause, aber diese Stadt war durchaus nicht das einzige Zentrum. In diesem musikalischen Schmelztiegel kamen Elemente lokaler Kirchenmusik, der Volksmusik – wie in der Romantik – und rhythmische Einflüsse aus Westafrika zusammen. New Orleans würzte dieses exotische Gericht noch mit französischer Kultur. New Orleans war ein idealer Ort für diese so bewegliche, stimmungsmachende Musik. In den engen Straßen wurden Paraden allgemein üblich; jedes Etablissement in Storyville, dem Redlight-District, beschäftigte einen Pianisten und andere Musiker, die die neue Musik zum besten gaben, der Ausdruck »Ragtime« kam auf. Sogar Beerdigungen profitierten davon und wurden zu musikalischen Ereignissen. Die Musik war einfach ideal, Zugposaune, Trompete und Klarinette ganz vorn und die Begleitinstrumente weiter hinten kamen gleich gut zur Geltung. In einem »Storyville«-Arrangement ließ sich alles mögliche unterbringen.

1917 wurden die heruntergekommenen Etablissements in Storyville abgerissen, aber der Jazz blieb auch danach immer mit dieser Stadt verbunden. Die Jazzmusiker wurden dadurch überallhin versprengt. Sie gingen nach New York, Chicago und Kansas City, und diese Städte wurden prompt zu wichtigen Zentren der Musik. In der Szene New Orleans war der Leader, also sozusagen der führende Sänger/Gitarrist jener Zeit, jeweils der Trompeter. Leute wie Joe »King« Oliver wurden von ihrer Gemeinde gefeiert, nahmen in der Band eine machtvolle Führungsposition ein, spielten die Hauptthemen und überließen den beiden anderen Musikern der ersten Reihe das Umspielen und Verzieren ihrer Darbietung.

Von den zwanziger Jahren unseres Jahrhunderts an wurde der Jazz außerhalb der Südstaaten immer einflußreicher. 1922 trat

King Oliver mit seinem New Orleans-Jazz in Lincoln Gardens in Chicago auf. Stadt für Stadt breitete sich der Jazz weiter nach Norden bis nach New York aus. Im Norden wurden weiterhin hauptsächlich Variationen des Ragtime mit seinen genauen Phrasen und Einsätzen gespielt. In den Südstaaten begannen die einzelnen Solisten dagegen ihre eigene Musik zu machen; berühmte Musiker wie Sidney Bechet entwickelten ihren individuellen Stil und Sound. Genau zwei Jahre nachdem King Oliver seinen New Orleans-Jazz nach Chicago gebracht hatte, erlebte New York den brillanten Louis Armstrong als Mitglied der bekannten Fletcher-Henderson-Band. Als Jazztrompeter kam ihm automatisch die Rolle des Leaders zu, doch er beherrschte nicht nur die Band, sondern die Stadt, das ganze Land. Armstrong war praktisch der Initiant für die Weiterentwicklung des Jazz. Er stammte aus ganz einfachen Verhältnissen, konnte nicht einmal Noten lesen und stand zwischen ausgebildeten New Yorker Musikern. Seiner Leidenschaft und seiner Energie aber konnte niemand widerstehen. Im darauffolgenden Jahr begannen viele Jazzspieler an die Möglichkeit zu denken, Starruhm zu erwerben. Sie wollten, was sie fühlten, auf der Bühne stärker zur Geltung bringen und sich nicht mehr nur auf zurückhaltend gespielten Jazz beschränken. In diese Atmosphäre hinein wurde 1925 in Illinois der große Miles Davis geboren.

Es entstanden immer größere Big Bands, und ihre Arrangeure machten sich einen Namen. Das Publikum fühlte sich von der viel freieren Musik stark angezogen; zu ihren Rhythmen tanzte man nächtelang. Sogar Weiße griffen nun ins Geschehen ein: Bix Beiderbecke, Gene Krupa, Bud Freeman. Es muß sagenhaft gewesen sein.

Der große Börsenkrach und die damit verbundene wirtschaftliche Depression wirkten sich natürlich nachhaltig auf die Menschen in den Vereinigten Staaten aus und damit auch auf die Musik. Der Überschwang der zwanziger Jahre war dahin. Statt dessen tauchten unter ähnlichen Bedingungen wie zu Beginn des 19. Jahrhunderts wieder romantische Strömungen auf. Die Big Bands rückten mehr denn je in den Mittelpunkt des Geschehens, und immer mehr Weiße spielten in den Bands mit. Die Musik wurde immer raffinierter und subtiler, was den kosmopolitischen New Yorkern entgegenkam. Starsolisten wie Duke Ellington und Count Basie musizierten hauptsächlich mit großen Bands und verbreiteten mit ihrer Autorität auch ihren Stil: Ellington kündigte mit seiner Musik den Swing an, und Basie trotzte auf seine Weise unbeeindruckt der Depression. Mitte der dreißiger Jahre eroberte Fats Waller, der Meister des Stride Piano, die Herzen aller mit Hits wie *Ain't Misbehavin* und *Honeysuckle Rose,* die ihn schnurstracks mitten ins »populäre« Marktgeschehen beförderten. Mit einem Schlag war er ein Star, den gewiefte Musiker wie Basie und der junge Miles Davis zur Kenntnis nahmen.

Miles Davis, der in einer gutsituierten Familie in East Saint Louis aufwuchs, hatte aber noch einen musikalischen Hintergrund anderer Art: Seine Mutter war Geigerin und seine Schwester spielte Klavier. Sein Vater allerdings machte keine Musik, er war Zahnarzt. Ironischerweise gab dennoch der Vater die musikalische Richtung des Sohnes vor, denn er schenkte dem Dreizehnjährigen zum Geburtstag eine Trompete und sorgte für einen Lehrer, der Miles unterrichtete. Die Band der High-School war der nächste Schritt, dann gab es Sessions mit der R&B-Gruppe und die höchst förderliche Bekanntschaft mit Dizzy Gillespie und Charly Parker, die mit der Billy-Eckstine-Band herumzogen. Der Austausch mit diesen beiden und ihrer Musik hatte auf den jungen Miles Davis folgenreiche Auswirkungen.

Der Zweite Weltkrieg würgte – wie zuvor der Erste – zahlreiche musikalische Entwicklungen ab. Im Gegensatz zum Ersten Weltkrieg waren die Auswirkungen dieses Konflikts auch in den Staaten spürbar. Viele berühmte Musiker wurden zum Kriegsdienst eingezogen. Natürlich verschwand die Musik nicht von der Bild-

(Foto: EMI/Steve Rapport)

(Foto oben: EMI/Katerina Jebb, Foto rechts: EMI/Steve Rapport)

(Foto: EMI/Katerina Jebb)

*Mit dem Preis als Showbusiness-Persönlichkeit des Jahres des Variety Club,
den zum ersten Mal ein Vertreter klassischer Musik erhielt. (Foto: Doug McKenzie)*

Junggesellenzeit in meiner alten Wohnung im Norden Londons. (Foto: Rex Features)

*Mit Klaus Tenn-
stedt während der
Aufnahmen des
Brahms-Konzerts
in den Studios
von Abbey Road.
(Foto: EMI/Stefan
Bown)*

THE BRODSKY QUARTETTE

O GUTTENBERG
MANCHESTER

ROTARY PHOTO. E.C

S. SPIELMAN   C. FUCHS   DR BRODSKY   BOWDEN-BRIGGS

Dieses Foto stammt aus dem Jahr 1895. Dr. Brodsky hält die Guarneri, die nun mir gehört. Es ist ein unbeschreibliches Gefühl, Teil ihrer Geschichte zu sein. (Foto: Guttenberg, Manchester)

Meine erste echte Gelegenheit, mit der Guarneri öffentlich aufzutreten: am 5. Februar 1991 in Birmingham. (Foto: Daily Mirror)

. . . spielen ist alles. (Foto: EMI/Katerina Jebb)

fläche. Die Big Bands von Tommy Dorsey und Glenn Miller unternahmen große Anstrengungen, um die Moral zu heben. Im Herbst 1944 schickte Davis' Vater seinen Sohn an die berühmte Juilliard School in New York. Davis war den Sommer über jazzspielend herumgezogen, während sich seine Eltern, die sich getrennt hatten, darum stritten, welche Schule er besuchen sollte. Er selbst wollte nach New York, der Jazz-Metropole, seine Mutter dagegen hätte ihn gern nach Frisco geschickt, wo seine Schwester lebte, die ihn im Auge behalten sollte. Der Vater setzte sich durch, und Davis ging an die Juilliard; er hat sich dort allerdings nie wohl gefühlt. Und diese Geschichte kommt euch vielleicht bekannt vor. Davis verbrachte mehr und mehr Zeit in den Jazzclubs und fuhr schließlich zu Dad, um ihm klarzumachen, daß er die Schule verlassen werde. Laut Davis' eigener Aussage reagierte sein Vater ziemlich cool auf diesen Entschluß: Er habe seine Tätigkeit unterbrochen, aus dem Fenster geschaut und gesagt: »Hörst du den Vogel da draußen? Das ist eine Spottdrossel. Sie kennt kein eigenes Lied. Sie macht den Gesang aller anderen nach. Das willst du offensichtlich nicht tun. Du willst dein eigener Herr sein, deinen eigenen Sound haben. Und gerade darauf kommt es an. Sei also du selbst und niemand sonst. Du weißt, was du zu tun hast, und ich verlasse mich auf dein Urteil.« Er bot seinem Sohn finanzielle Unterstützung an, bis er auf eigenen Füßen stehen könne.

Von einem solchen Vater kann jeder kreative Mensch nur träumen. Es ist zu hoffen, daß Miles Davis' ruhmreicher Beitrag zum Jazz seinen Vater persönlich befriedigt hat. Im November 1945 nahm der neunzehnjährige Davis in einem Studio in Manhattan mit der Gruppe von Charlie Parker eine Platte auf. Die Session dauerte nur einen Tag. Es handelte sich um »Charlie Parker's Beboppers« mit Solos des großen Dizzy Gillespie und ersten Kostproben von Miles Davis' so wundervollem Spiel. Bei den darauffolgenden Sessions war »Bebop« schon ein Begriff.

193

In den vierziger Jahren versuchte man den etwas festgefahrenen Jazz neu zu beleben: Man improvisierte über ein Hauptthema, was die Aufmerksamkeit der Musiker wie des Publikums forderte und ihr Interesse wachhielt. Es war die Zeit der dunklen Brillen, der Baskenmützen und vielsagenden Bärtchen. In der zweiten Hälfte der vierziger Jahre gab es ein ziemliches Gerangel zwischen dieser Bewegung und den stockreaktionären New-Orleans-Enthusiasten, die voll hinter Leuten wie Armstrong und Bechet standen. Auf welche Seite man sich auch schlug: für einen Jazzfan waren es einfach herrliche Zeiten.

Besonders eindrucksvoll ist die Fähigkeit von Miles Davis, total verschiedene Einflüsse voll aufnehmen und dann zurücktreten zu können, um das, was sich lohnt, herauszudestillieren und erst danach die eigene musikalische Aussage zu formulieren. Die erste Aufnahme unter seinem Namen entstand 1947 in New York. Doch obwohl Davis vorher sehr eng mit Parker und Gillespie (der auch dabei mitwirkte) zusammengearbeitet hatte, trägt die Aufnahme, was den Stil und die Stimmung anbelangt, eindeutig den Stempel von Miles Davis. Seine Musik ist flüssig, schön legato mit schlicht vorgetragenen melodischen Linien vor einem Hintergrund höchst komplizierter Harmonien. Im selben Jahr lernte Davis auch den begnadeten Arrangeur und Pianisten Gil Evans kennen. Die beiden feilten in den folgenden Jahren gemeinsam an ihren Vorstellungen und sind damit die eigentlichen Schöpfer des »coolen« Jazz mit seinen großen Bläsergruppen geworden.

Zwischen 1949 und 1953 sah es so aus, als hätte Davis allen Schwung verloren; für die meisten kreativen Gemüter wäre das wohl das Ende vom Lied gewesen. Doch wie in so manchen anderen Augenblicken seiner fabelhaften Karriere bedeutete auch diese Phase nur einen Neubeginn: Vieles war während der Zusammenarbeit mit Gil Evans herangereift. Auf dem Jazz-Festival von Newport 1956 hatte Miles Davis wieder großen Erfolg und begann eine weitere seiner so einflußreichen Gruppen um sich zu scharen. Zu ihr gehörten John Coltrane, Red Garland, Paul Chambers und Philly Joe Jones. Das war Dynamit: fünf Leute voller eigener Ideen und alle auf ein gemeinsames Ziel aus. Sie waren so in Schwung, daß sie innerhalb eines einzigen Jahres ganze sechs Alben aufnahmen. Dazwischen machten sie den Jazz so attraktiv, daß viele, die sonst nie Jazz-Platten kauften, nun auf den Geschmack kamen. Ende der fünfziger Jahre wurde die Gruppe um Cannonball Adderley erweitert. In der Folgezeit entstanden *Milestones* sowie *Kind of Blue,* vermutlich eines der bedeutendsten Jazz-Alben überhaupt. Seine atemberaubenden rhythmischen Passagen und die reine Schönheit der Improvisation heben es von allem anderen ab. Die aufgenommenen Stücke waren für die Musiker zum großen Teil neu. Davis stand nicht nur wieder im Rampenlicht, sondern bestimmte den Standard, an dem alle anderen gemessen wurden. Es war, als hätte er sich vorher nur zurückgezogen, um seine Prioritäten festzulegen und sie in einer einzigen Vision zu vereinen. Man hört die Leute immer wieder darüber jammern, wie unüberschaubar die Jazz-Szene für Außenstehende sei und wieviel in nur knapp hundert Jahren geschehen sei. Aber das ist bei anderen musikalischen Strömungen gar nicht anders. Die Musiker, die wirklich was bewegt und erschüttert haben, sind alle in einer bestimmten musikalischen Umgebung aufgewachsen und herangereift, um dann eine Veränderung herbeizuführen. Das war schon immer so. Beethoven zum Beispiel ist aufgewachsen Bach vor Augen und doch schon auf dem Weg zum Klassiker. So war es auch bei Miles: Er wurde in die Tradition von Louis Armstrong hineingeboren und doch zum Schöpfer des Cool Jazz und anderer Strömungen. Man macht es sich zu leicht mit der Behauptung, die zwanziger und dreißiger Jahre seien die Zeit der Verfeinerung des Traditionellen, die vierziger und fünfziger gehörten dem Bebop, die sechziger Jahre seien abstrakt, und von da an vermenge sich alles miteinander. Die nächste bemerkenswerte Gruppe, die Davis zwischen 1963 und 1964 zusammenbrachte, war ein Quintett, zu dem Ron Carter, Tony Williams, Wayne Shorter und Herbie Hancock gehörten. Man konzentrierte sich auf raffinierte improvisatorische Spielereien und bekannte Standards. Die Brillanz der jungen Musiker an den Rhythmikinstrumenten und die Faszination von Miles' intellektuellen Experimenten brachten der Gruppe weithin Anerkennung ein. Es ist nicht uninteressant, zu wissen, daß Miles Davis an der Juilliard School, wo er sich ja auch als Fremdkörper fühlte, dafür bekannt war, daß er in der Bücherei Partituren von Komponisten wie Strawinsky, Berg und Prokofjew studierte: gerade weil er sein Handwerk verstand, konnte er so sicher experimentieren. Zu seinen reizvollsten Produktionen aus dieser Zeit gehören mehrere Mitschnitte von Live-Veranstaltungen. Sein vielleicht bemerkenswertestes Album ist das 1964 entstandene *My Funny Valentine*. Nachdem er seine Ideen realisiert und an die Öffentlichkeit getragen hatte, zog er sich erneut hinter den Schreibtisch zurück, und am Ende des Jahrzehnts beschäftigte er sich mit längeren Musikpassagen, die zwar immer noch abstrakt, aber jetzt von neuen Klängen und neuen Instrumenten belebt waren. Er hatte sich intensiv mit Aufnahmen von James Brown, Jimi Hendrix sowie Sly And The Family Stone befaßt. Der Manager von Hendrix hatte Miles angerufen und ihn gefragt, ob er Jimi zeigen könne, wie er spiele. Diese Bitte ging auf die Bewunderung zurück, die Hendrix dem Album *Kind of Blue* entgegenbrachte, aus dem er Elemente für eigene Werke verwenden wollte. Genau so hatten auch in früheren Jahrhunderten große Musiker unterschiedlicher Orientierung sich gegenseitig befruchtet.

Mit den nächsten Aufnahmen stieß Davis die Puristen vor den Kopf, weil er Rock-Rhythmen, elektrische Gitarren, Keyboards, ja sogar folkloristische Instrumente verwendete. Aber seine Gruppe glänzte erneut durch das große Können derer, die mitspielten – darunter waren John McLaughlin, Chick Corea, Keith

Jarrett, Dave Holland, Billy Cobham, Dave Liebman und andere. Da sie soviel Neues ausprobierten, war natürlich ein großer Teil ihrer Arbeit experimenteller Natur. Innerhalb weniger Jahre nahmen sie ein ganzes Dutzend Alben auf. Die Fähigkeit von Miles Davis, mit den besten Musikern Neuland zu erforschen, macht ihn ohne Zweifel zu einer der bedeutendsten Musikerpersönlichkeiten unseres Jahrhunderts.

Wir sind gewohnt, die klassischen Meister und ihre in der Regel linear verlaufende musikalische Weiterentwicklung zu verehren. Dabei übersehen wir allzu leicht die Größen der zeitgenössischen Musik, die Neues wagen und damit auch Erfolg haben. Oft künden sich neue Entwicklungen noch während ihrer Schaffenszeit an. Über vierzig Jahre hat Miles Davis in der Musikszene gewirkt; und er hat sich dort nicht etwa nur gehalten, sondern immer wieder Neues hervorgebracht.

10
Idole von einst

Während ich dieses Buch schrieb, hatte ich reichlich Gelegenheit, mir darüber klar zu werden, welche Einflüsse auf mein Leben eingewirkt haben. Als wir uns im letzten Jahr Gedanken über die verschiedenen Kapitel machten, entstand auch der Wunsch nach einem solchen über Idole, warum wir sie nötig haben und lieben, und ob man aus dem Charakter der von uns gewählten Traumgestalten irgend etwas ableiten kann. Damals war ich von der Idee ganz angetan, aber ich habe bis jetzt nicht wieder daran gedacht. Jungen pinnen sich oft ein Pop-Idol oder einen Filmstar an die Zimmerwand. Eine bestimmte Ausgabe eines Adonis oder eine aufreizende Blondine bedeuten für sie das Ideal, das man für sich selbst anstrebt, oder aber die ideale Partnerin. Manchmal geht das auch noch weiter bis hin zur Verehrung eines exotischen Sportwagens oder einer Fußballmannschaft.

Leider kann ich auf die Frage nach meinen Idolen keine positive Antwort geben, da ich nie Idole im eigentlichen Sinne hatte. Natürlich wollte ich mal Lokomotivführer werden, aber das war ja nun nicht mit dem Wunsch verbunden, wie jemand anders sein zu wollen. Abgesehen davon, daß ich als Teenager kurze Zeit für Caroline Munroe geschwärmt habe, die die Werbung für Lamb's Navy-Rum zierte, trug meine Phantasie erstaunlich wenig Früchte.

Meine Idole – und das sagt wohl ziemlich viel über den Typen Nigel Kennedy aus – ergaben sich entsetzlich folgerichtig: Mich zogen weder so heroische Gestalten wie James Bond noch die düster-umwölkte Art von James Dean an, und auch die Zelluloid-Verführerinnen köderten mich nicht. Ich bin immer auf Nummer Sicher gegangen, habe nur jemanden bewundert, mit dem ich etwas zu tun hatte, und, was wohl kaum überrascht, das waren Persönlichkeiten wie Yehudi Menuhin und Stephane Grappelli. Ich hatte anscheinend keine Zeit dazu, Phantasiewelten aufzubauen. Stephane habe ich vom ersten Augenblick an zum Idol erkoren. Als ich ihn kennenlernte, war ich ungefähr vierzehn. Ich habe, glaube ich, hauptsächlich aus zwei Gründen zu ihm aufgeschaut: Zum einen spielte er die Violine auf eine Art, wie ich es noch nie gehört hatte, denn ich kannte sie nur als klassisches Musikinstrument. – Damals hatte ich mit dem Jazz schon eine ganze Menge zu tun, setzte die Geige aber nie als Führungsinstrument ein. – Zum anderen unterschied sich sein Lebensstil vollkommen von dem der klassischen Musiker, die ich kannte. Er konnte den ganzen Tag über herumgammeln, tun, was ihm gerade Spaß machte. Abends trat er dann aber auf die Bühne und spielte phantastisch. Er reagierte in jeder Situation spontan und stilvoll. Er bildete wohl für mich so was wie ein Gegengewicht zu der unvermeidlichen Langeweile an der Schule.

Eigentlich hätte ich für Filmstars schwärmen müssen. Aber die Hausordnung an der Menuhin-Schule erlaubte uns ja nicht mal Kinobesuche; nur Fernsehen war erlaubt, und auch dies nur zu bestimmten Zeiten – abends nach sechs Uhr an den Wochenenden. Wenn ich das so niederschreibe, kommt es mir vor, als wäre ich in einem Kloster gewesen, und so war diese Schule in vieler Hinsicht wohl auch. Als ich ganz klein war, las ich gerne Comics, verfolgte Woche für Woche die Abenteuer verschiedener Figuren. Aber man wächst aus dem Comic-Alter recht bald heraus. Ich glaube, ich stand ziemlich auf Batman und rannte laut schreiend mit einem Umhang als Batman durchs Haus. Es wäre gelogen, wenn ich vorgeben würde, mich an diese Spiele genau zu erinnern. Batman war wohl deswegen so attraktiv für mich, weil er einfach überall hingehen und alles tun konnte, eine Superman-Ausgabe von Bertie. Bei dem Hintergrund, den ich hatte, läßt sich leicht erklären, warum so ein freier Geist mich derart angezogen hat. Zu irgendeinem Zeitpunkt unseres Lebens haben wir alle davon geträumt, einer Situation oder Umgebung zu entfliehen. Die Phantasie bietet sich an, wenn alle realen Möglichkeiten verschlossen sind. Batman war meine kindliche Art der Abwehr. In größeren Familien wendet man sich meist den Fernsehhelden zu, für Kids eine erwachsenere Form der Flucht. Aber in meinem Leben hat das Fernsehen keine besonders große Rolle gespielt, auch wenn ich *Danger Man** und *Avengers** ganz gern gesehen habe; diese Filme wurden zu erlaubten Zeiten ausgestrahlt.

Da ich schon so intensiv auf mein Musizieren konzentriert war, bewunderte ich natürlich Leute aus meiner Umgebung, besonders meinen Lehrer Peter Norris und natürlich Menuhin selbst. Wie ich schon früher in diesem Buch erklärte, war ich eine Zeitlang ganz drauf aus, so zu spielen wie er. Man kann sich leicht vorstellen, welches Wissen er zu bieten hatte. Sein tiefes Verständnis der großen europäischen Musik wirkte so ansteckend auf mich, daß es in mir Wurzeln schlug und sich in der Zeit, als der amerikanische Jazz mich beeinflußte, noch steigerte. Ja, es half mir sogar, mein Engagement in diesen Musikerkreisen mit meiner gesamten musikalischen Existenz in Einklang zu bringen.

Yehudi Menuhin ist hier bereits mehrfach erwähnt worden, einfach schon deshalb, weil er seit meinem sechsten Lebensjahr Teil meines Lebens ist. Daß er in einem Alter, in dem man gewöhnlich die Schule verläßt, bereits mit großen Musikern wie Bartók, Busch, Ravel, Beecham und Elgar zusammen musizierte, zeigt, von welchem Rang er ist. Yeduhi Menuhin ist in New York geboren, aber in Kalifornien aufgewachsen. Er entwickelte sein Talent unter Louis Persingers Adlerblick, damals Konzertmeister der San Francisco Symphony. Menuhin gab sein Konzertdebüt in Oakland, von Persinger begleitet, mit Bériots *Scène de ballet* – da war er gerade sieben! Mit Neun debütierte er in New York, zwei

* Britische TV-Actionfilme (A.d.Ü..)

203

Jahre später brach er zu seiner europäischen Premiere in Paris auf. Dort lernte er Georges Enesco kennen, der für ihn ein bedeutender Lehrer werden sollte. Solche trockenen Angaben aufzuschreiben oder zu lesen ist ganz einfach, doch zu verstehen, was das bedeutet, ist wesentlich schwieriger. Versetzt euch einmal in die Situation eines elfjährigen Kindes, führt euch sein Spielzeug vor Augen und die Videos, für die es sich interessiert, und dann stellt euch dieses Kind auf einer riesigen Bühne in New York vor der Creme von Manhattan vor. Plaziert dann das große New York Symphony Orchestra hinter dieses Kind und laßt den kleinen Kerl atemberaubend Beethoven spielen. Genau das hat Menuhin im November 1927 getan und ist natürlich dafür von der Kritik mit großen Lorbeeren bekränzt worden. Er hatte eine natürliche Art, eine Feinfühligkeit und Reife, die seinem Spiel Leben einhauchten, so daß immer mehr Leute diesen einzigartigen Musiker erleben wollten. Mit Zwanzig hatte Menuhin schon eine Tournee durch dreizehn Länder der Erde hinter sich. Seine Laufbahn und seine Fähigkeit, etwas weiterzugeben, sind einfach phantastisch. Trotzdem war Menuhin im eigentlichen Sinne nicht mein Idol.

Diesem Ideal kommt, wie ich bereits erwähnt habe, Stephane Grappelli wohl am nächsten. Er war irgendwie geheimnisumwittert. Ich habe das ganz deutlich in seinem Einfluß auf mich gespürt. Ich hätte mir wohl kaum ein Bild von ihm an die Wand gepinnt, aber ich beneidete ihn um die berufliche Stellung, die er sich selbst verschafft hatte, um das Bewußtsein, sein eigener Herr zu sein und sein Privatleben in vollen Zügen genießen zu können, sowie darum, wie er die Bühne betrat und diesen einzigartigen Jazz kreierte. Auch er war mit klassischer Musik großgeworden (am Pariser Konservatorium) und sah gleichzeitig zum großen Jazztrompeter Louis Armstrong auf. Als Teenager spielte er in einer Big Band im Stil Jack Hyltons und auch bei sommerlichen Sessions – sogar im Kino, wo er Stummfilme musikalisch untermalte. Der atemberaubende Gitarrist Django Reinhardt tat sich mit ihm und anderen zu einem Quintett zusammen, das sich die Herzen in Paris eroberte. Während des Zweiten Weltkriegs hielt sich Grappelli in Großbritannien auf, und als er Django 1946 wiedertraf und mit ihm musizierte, sprang der Funke nicht mehr über. Er arbeitete dann jahrelang an seiner eigenen Sache, sein Stil wurde immer unverwechselbarer. Er nahm sogar mit Menuhin zusammen ein Album auf; sein natürlicher Instinkt verleiht seinem Spiel Struktur und Qualität.

Es überrascht wohl kaum, daß sich unter meinen Idolen vor allem Leute befinden, die Geige spielen. Zu meinen Favoriten gehören nach wie vor:

IVRY GITLIS: Dieser Typ ist das natürlichste und originellste Talent, das ich je auf Platte gehört habe. Auf den drei Platten, die ich kenne, sind die Aufnahmen seines Bartók-Konzerts, der Sonaten von Franck und Debussy (mit Martha Argerich) sowie des Tschaikowsky-Konzerts. An Ivry Gitlis finde ich besonders bemerkenswert, daß er sich nicht an die Vorstellungen von durchschnittlichen Kritikern oder Geigern hält, welcher Ton am geeignetsten ist, um etwas besonders Wichtiges auszusagen. Gitlis produziert nicht den üblichen glatten, glänzenden Ton, der heutzutage von »führenden« Violinisten erwartet und akzeptiert wird. Weiter so, Ivry.

STEPHANE GRAPPELLI: Stephanes Lebensfreude äußert sich in jedem Ton seines Spiels. Nachdem er mit dem Geiger Eddie South bekannt geworden war, der auf Platten mit dem Hot Club de Paris (der Gruppe um Stephane und Django Reinhardt) als Gast zusammen spielte, übte Stephane seinerseits einen großen und ermutigenden Einfluß auf Tausende von Leuten aus, die auf ihrer Geige auch Jazz spielen wollten. Ich habe in diesem Buch bereits beschrieben, wie befreiend Steff auf mein Musikerdasein gewirkt hat.

SUGARCANE HARRIS: Durch seine Zusammenarbeit mit Frank Zappa ist er einem breiten Publikum bekannt geworden. Sein Solo in den »Gumbo Variations« (im Album *Hot Rats*) mag ich, glaub' ich, am liebsten. Es bringt ein totales Blues-Feeling rüber, der Geige entströmen absolut reinstes Gefühl und Seele. Sein Spiel behauptet sich sogar im frevelhaften Remix für die CD-Neuauflage, auf der Zappa seine Gitarrenbegleitung aufdreht, so daß sie in den Vordergrund geschoben und Sugarcanes Violine in den Hintergrund gedrängt wird. Ich hab' von Zappa in letzter Zeit nicht viel gehört, aber ich würde diesen Typen gerne mal treffen und ihm was husten.

FRITZ KREISLER: Kreisler wurde einer meiner Lieblingsmusiker, als ich gerade ein Teeny war. Ganz besonders reizvoll fand ich (neben seinen brillanten Kompositionen) die Spontaneität seines Spiels und seinen echt goldenen Ton – wahrscheinlich der schönste, der je von einer Violine erklungen ist. Seine Kompositionen, die meist nur über wenige Töne gehen, machten ihn und seine Geige so populär, wie es nur wenige je geschafft haben, und die Aufnahmen von Werken Beethovens und Rachmaninows zeugen von überragender Musikalität. Aber gerade weil er bekannt und allgemein beliebt wurde, mäkelte die Kritik an seinem Spiel in einer Weise herum, die viel weiter ging als alles, was mir je angekreidet wurde. Das macht mir klar, daß ich mir nichts draus zu machen brauche, wenn irgendein neunmalkluger Typ an meinem Spiel was auszusetzen hat (bloß weil ich populär bin, meine ich). In meiner heutigen Situation kann ich in der Tat eine Menge von diesem alten Fritz lernen. Und nun noch eine ganz persönliche Bemerkung: Nachdem ich mich für Kreisler zu interessieren begonnen hatte, brachte ich doch tatsächlich in Erfahrung, daß mein Großvater oft mit ihm zusammen musiziert hatte und daß er sogar gemeinsam mit William Primrose und Thomas Petrie Kreislers Streichquartett aufgenommen hatte!

CHO LIANG LIN: Als ich an die Juilliard School in New York kam, befand ich mich auf einem Schlag mitten im Clan von Dorothy DeLay. Um sie herum scharte sich eine Bande Hochbegabter. Ich kam mir etwa so vor wie ein junger Boxer, der in das berühmte Kronk-Institut in Detroit kommt. Es war absolut spannend. Zur gleichen Zeit wie ich studierten dort Shlomo Mintz, Nadja Salerno-Sonnenberg, Joseph Swensen, Mark Piskanov, Mark Kaplan und Christian Altenberger. Es war geradezu umwerfend, sie alle ganz aus der Nähe zu hören, aber ich erinnere mich vor allem an einen, der die anderen als Musiker weit überragte: Cho Liang Lin. Als ich ihn das erste Mal hörte, spielte er das Violinkonzert von Mendelssohn (fragt bloß nicht, welches!). Wir waren zu zehnt, und wir hörten einen Meister. Er spielte das Stück mit einer aristokratischen Eleganz, mit einem untrüglichen Geschmack und totaler Hingabe. Ich brauche wohl nicht ausdrücklich zu betonen, daß er auch technisch perfekt war. Hier zeigte kein Wunderkind sein Können, hier spielte ein Vollblutmusiker. Ob ein Mahl gelungen ist, zeigt sich erst bei Tisch. Im Lauf der Jahre wurden Jimmys Hochachtung vor der Kunst, sein künstlerischer Ernst und Geschmack noch ausgeprägter. Jimmys Mozart-Aufnahmen sind die einzigen zeitgenössischen, die mich davon überzeugen könnten, daß ich diese Konzerte möglicherweise doch falsch einschätze.

YEHUDI MENUHIN: Zuallererst: Ich wäre womöglich kein klassischer Musiker geworden, wenn Yehudi mich als Kind nicht gefördert hätte. Und: Abgesehen von meiner besonderen Verpflichtung ihm gegenüber, ist Yehudi wohl einer der absolut herausragendsten Musiker unseres Jahrhunderts. Schon als er noch Windeln trug, spielte er besser als jeder Erwachsene. Von seinem zwölften bis zu seinem dreißigsten Lebensjahr hat er uns Aufnahmen beschert, wie es vorher oder hinterher niemals bessere gab. Es gibt, ohne Übertreibung, gewiß Tausende von kleinen Kerlen, die mit der Geschwindigkeit ihrer Finger Eindruck schinden können. Aber Yehudi hat eine Begabung, die nur einmal unter einer Million Leuten vorkommt, die Geige spielen: die Fähigkeit, die ganze Tiefe, das Edle und Ergreifende einer einfachen Melodie hörbar zu machen.

GINETTE NEVEU: Ihre Aufnahmen von Chaussons *Poème* und von Sibelius' Violinkonzert sind wohl die schönsten weit und breit. Ihr Spiel ist eine wundervolle Mischung aus der Akkuratesse und sicheren Beherrschung des Tons von Heifetz und der überzeugenden musikalischen Phrasierung von Pablo Casals. Außer der Aufnahme von Dmitry Sitkovetsky ist in den letzten fünfundzwanzig Jahren wohl keine musikalisch herausragende Interpretation der Solosonaten des großen Meisters Bach entstanden. Ginette Neveu hätte diese Aufgabe mit Sicherheit hervorragend bewältigt. Leider werden wir sie nie hören können; Ginette Neveu ist, noch bevor ihre Karriere richtig begonnen hatte, bei einem Flugzeugunglück ums Leben gekommen.

MARK O'CONNOR: Der Heifetz der amerikanischen Folk-Szene: Mit zwölf Jahren hat Mark O'Connor sämtliche amerikanischen Preise in den Country-Wettbewerben für Erwachsene gewonnen. Er ist aber nicht etwa ein aufgeputschtes Wunderkind – niemand spielt eine Melodie mit mehr Gefühl als Mark. Jeder Ton, den er spielt, ist ein Juwel. Außerdem ist er sehr bescheiden und macht keinen Mist.

JEAN-LUC PONTY: Als ich Jean-Luc Ponty zum ersten Mal spielen hörte, war das eine Offenbarung. Wie einer ebensogut durchgestaltete Solopartien improvisieren und gleichzeitig so richtig Arschtreten kann, war für mich einfach phantastisch. Ich schätze besonders, was er mit Frank Zappa und George Duke zusammen herausgebracht hat; vor allem das Album *Violin Sum-*

mit, wo er, als Teenager, im Stück *It Don't Mean A Thing* loslegt, daß er Stuff Smith, Stephane Grappelli und Sven Asmussen, die vor ihm Solos gespielt haben, direkt alt aussehen läßt und noch ein total abgeschlafftes Publikum von den Sitzen reißt.

ALBERT SAMMONS: Wenn sich Albert Sammons Albert Sommonowitsch genannt hätte, würde man ihn an der Seite von Kreisler, Szigeti und anderen als einen der größten Geiger aller Zeiten feiern. Aber er ist zu einer Zeit auf die Welt gekommen, in der englische Geiger mit klassischer Musik keine internationale Karriere machten. Manche werden schon »groß« genannt, wenn sie über eine einzige Qualität verfügen. Sammons dagegen verfügte über zwei herausragende Fähigkeiten: Er produzierte auf seiner Geige einen herrlichen Ton, der sich mit dem seiner Vorkriegszeitgenossen Kreisler und Thibaud messen konnte, und seine Interpretationen arbeiteten die Strukturen eines Werks stets ganz deutlich heraus (intellektuell und gefühlsmäßig). Erst Isaac Stern hat wieder eine ähnliche Qualität erreicht. Sammons' Aufnahmen der Konzerte von Elgar und Bruch sind vermutlich unerreicht. Und das, obwohl er, wie es heißt, nur zwölf Geigenstunden gehabt hat.

ISAAC STERN: An der Menuhin-Schule bekamen wir von unseren Lehrerinnen und Lehrern immer wieder zu hören: Menuhin macht das so, und Menuhin macht das anders. Daher war es für mich besonders reizvoll, als mein Schulfreund David Angel mir die Aufnahmen von Isaac Stern vorstellte. Schon beim ersten Anhören war ich davon überzeugt, einen der bedeutendsten Geiger zu hören, die es jemals gegeben hat; dabei ging er an alles ganz anders heran als Yehudi Menuhin. Zu Sterns besonderen Wesenszügen gehören vor allen Dingen sein Verständnis dafür, wie ein Werk aufgebaut ist, seine Einfühlsamkeit und seine Fähigkeit, sich direkt und nicht zu kompliziert auszudrücken (eine Eigenschaft, die er mit Miles Davis teilt). Stern ist das Gegenstück zu den meisten Geigern und Geigerinnen, denen es nur auf die Melodie ankommt und die sich im Glanz ihres eigenen Tons sonnen.

Zweimal ist es passiert, daß ich zu Geigern aufgeschaut habe, sie bewundert habe, mir gewünscht habe, sie kennenzulernen, und hinterher total enttäuscht war. Besonders traurig ist, daß die Enttäuschung beide Male hauptsächlich deshalb so groß war, weil die Geiger so ungeheuer wichtig taten. Nur weil sie ausländischer Herkunft waren, fühlten sie sich kulturell überlegen. Woher jemand stammt, ist mir völlig gleichgültig, solange wir einander gut verstehen und miteinander spielen können. Nur das zählt. Religiöser oder kultureller Dünkel kommt in meinem Vokabular nicht vor. Wie wenig ich mich darum schere, will ich an einem Beispiel verdeutlichen: Es ist schon ewig her, daß man mir erklärt hat, Jesus sei kein Engländer gewesen. Aber die Enttäuschung über eine Begegnung mit einer berühmten Persönlichkeit, die dann eben nicht ganz so groß/nett/talentiert ist wie erwartet, ist real. Man hofft immer, die Leute seien so, wie sie zu sein scheinen, und dabei ist das doch überall im Leben nur selten der Fall. Nur wenige könnten das auch von mir behaupten. Ich bin meist derselbe, einfach weil ich mich, ob das nun jemandem paßt oder nicht, so gebe, wie ich nun mal bin.

Eigentlich ist es schon komisch: Ich verbreite mich hier über einen nicht vorhandenen Stammbaum von Idolen, und gleichzeitig enthält die Post für mich jede Menge Briefe von Leuten, die sich als meine Fans bezeichnen. Dabei hab' ich bloß das Gefühl, daß ich meinen Job zu erledigen habe und deshalb verpflichtet bin, immer besser zu werden. Aber als was Besonderes komme ich mir nicht vor. Klar, nach einem Gig ist jeweils schon mehr los, und beim Einkaufen läuft auch mehr als früher. Die meisten Leute kommen jetzt auf mich zu und sprechen mich an, während noch vor wenigen Jahren vermutlich ich das Gespräch angefangen hätte. Wer mit Musik zu tun hat, kann nie alles richtig machen. Man ist dauernd auf dem Trip, mehr aus den großen Kompositionen zu machen oder mehr aus sich selbst rauszuholen.

Falls junge Leute auf irgendwas von all dem, was ich mache, besonders abfahren, dann hoffentlich auf meine Unabhängigkeit: Daß ich das alles hingekriegt hab', beweist doch, daß man sich selbst zum Ausdruck bringen kann. Was immer ihr auch für Talente in euch eingesperrt habt, jedes ist sehr kostbar und zu hundert Prozent ein Teil von euch selbst. Lernt, was ihr könnt, von denen, die ihr bewundert, und besonders von denen, die sich um euch kümmern. Vieles davon kommt euch vielleicht zunächst total überflüssig vor, aber später wird ein guter Teil zur lebenswichtigen Grunderfahrung. Wer so aufregend und einfallsreich werden möchte wie ein Stephane Grappelli, muß nun mal zuallererst über die grundsätzlichen Dinge Bescheid wissen.

Im 20. Jahrhundert hat sich eine Menge verändert. In den dreißiger und vierziger Jahren trat der Jazz als gesellschaftlich relevante Musikströmung an die Stelle der klassischen Musik. In den fünfziger Jahren kam dann die Rockmusik dem Lebensgefühl der Leute näher und ersetzte den Jazz. Und heute sind Jazz, klassische und viele andere Arten von Musik ähnlich populär und gesellschaftlich *in* wie vorher nur die Rockmusik. Heute haben sowohl die Leute, die Musik machen, als auch die, die sie hören, geschnallt, daß gute Musik für die Masse nicht zu gut ist, sondern vielmehr zu gut, um von der Masse *nicht* angehört zu werden... Was immer ein paar »Experten« auch sagen, wir machen weiter!

211

Ton- und Bildaufnahmen

von Nigel Kennedy

Nigel Kennedy Plays Jazz

Mit Peter Pettinger, Piano

1 Body and Soul
2 Bag's Groove
3 Autumn Leaves
4 Swing '39
5 Isn't She Lovely
6 Lover Man
7 The Girl from Ipanema

Produzent: Brian Couzens
Chandos Records Ltd., 1984
(älterer Titel *Strad Jazz*)

»*Strad Jazz* (Titelvorschlag stammt von Kennedy, da er auf einer Stradivari spielt) enthält unter anderem die Titel »The Girl from Ipanema«, »Autumn Leaves«, »Isn't She Lovely« und »Body and Soul«. Außerdem »Swing '39«; dieser Titel stammt von Django Reinhardt und Stephane Grappelli – ausgesprochen passend, denn der ewig junge französische Geiger machte Kennedy als erster mit der Jazzgeige bekannt, und zwar als dieser noch Zögling der Menuhin-Schule war.«

(Music Week)

Edward Elgar
Sonate für Violine und Klavier in e-Moll, op. 82

Produzent: Brian Couzens
Toningenieur: Brian Couzens
Chandos Records Ltd., 1985

Let Loose
1 Let Loose
2 Zigane
3 Emotion
4 The Way It Is
5 The Way We Were
6 Killer Instinct
7 Impro I
8 Drive
9 Way Outside

Aufgenommen und gemischt in den Elephant Studios, London, April 1987
Koproduzenten: Nigel Kennedy und Nick Robbins
Toningenieur: Nick Robbins
Schlagzeugprogramme: Dave Heath
Alle Arrangements: Nigel Kennedy und Dave Heath, außer »Drive«
(arrangiert von: Dominic Miller und Nigel Kennedy)
EMI Records Ltd., 1987

»In einer Zeit der rasanten Spezialisierung wirkt es ermutigend, daß Nigel Kennedy sich nicht auf ein spezielles Repertoire festlegen lassen will. ›Wenn ich Geige spiele, versuche ich vom Stereotyp des Virtuosen, das mit diesem Instrument verbunden wird, wegzukommen‹, sagt er. Und weiter könnte er sich vom ›Stereotyp des Virtuosen‹ tatsächlich kaum entfernen. Als Rock-Jazz-Album bezeichnet, zielt *Let Loose* ganz direkt auf den populären Massenplattenmarkt ab; allerdings ist sich Kennedy als der gute Musiker, der er nun mal ist, bewußt, daß der Kontrast größer sein muß, als dies bei einem Rock-Album sonst üblich ist.«

(Gramophone)

Edward Elgar
Konzert für Violine und Orchester in h-Moll, op. 61

London Philharmonic Orchestra
Dirigent: Vernon Handley

1 Allegro
2 Andante
3 Allegro molto – Cadenza – Allegro molto

Produzent: Andrew Keener
Toningenieur: Mike Clements
»Gramophone Award« – Schallplatte des Jahres 1985
Beste Klassik-Disk – BPI, 1986
Silberne Schallplatte der BPI
Goldene Schallplatte der BPI
EMI Records Ltd., 1984
CD 7 47210 2

»Nie habe ich eine reinere, lebendigere und leidenschaftlichere Darbietung dieses Werks gehört.
Kennedy spielt wie auf einer Hochspannungsleitung und intoniert haargenau; damit kommt er dem Heifetz-Ton sehr nahe. Beides zusammengenommen umschlingt einen und ist schlicht atemberaubend.

Doch darüber hinaus phrasiert Kennedy expansiver und schwelgt in romantischem Gefühl – wie Menuhin in seiner besten Zeit. In mancher Hinsicht übertrifft er in beiden Aspekten sogar Itzhak Perlman. Dann wiederum stürzt Kennedy sich frisch und kühn und dennoch beherrscht auf einzelne Passagen.

Am meisten beeindruckt, wie Kennedy, vom Orchester einfühlsam getragen, die düster-tragischen Anspielungen dieses Meisterwerks mit fast Mahlerschen Farben zur Geltung bringt. Das Ergebnis ist eine umwerfende Darbietung, ganz besonders irre, weil es sich um ein Plattendebüt handelt. Man freut sich schon auf weitere Kennedy-Aufnahmen – vor allem, wenn man ihn an das Walton-Konzert ranläßt. Höchst empfehlenswert!«

(San Francisco Chronicle)

Music by Ellington & Bartók

Bartók: Sonate für Violine solo
1 Erster Satz: Tempo di Ciaccona
2 Zweiter Satz: Fuga – Risoluto, non troppo vivo
3 Dritter Satz: Melodia – Adagio
4 Vierter Satz: Presto

Duke Ellington: Mainly Black
5 Introduction
6 Come Sunday
7 Work Song
8 The Blues (Mauve)
9 Come Sunday

Mit Alec Dankworth, Kontrabaß
Aufgenommen im Studio 1, Abbey Road, London, 1986
Produzent: Andrew Keener
Toningenieur: Mike Clements
EMI Records Ltd., 1986
CD 7 47621 2

»Nigel Kennedys Wiedergabe ist die gefühlvollste und lyrischste, die ich je gehört habe, sein Ton wunderschön und noch in den haarsträubendsten Passagen ausdrucksvoll. Die bekannten Klippen werden gekonnt gemeistert, aber bei dieser Interpretation sind außerdem subtilere Manifestationen von Virtuosität zu beobachten: so etwa die Klarheit und Prägnanz der Melodieführung in der Fuge, beziehungsweise das Farbspektrum und die Schattierungen der Dynamik im langsamen Satz.«

(Gramophone)

Peter Tschaikowsky
Konzert für Violine und Orchester in D-Dur, op. 35

London Philharmonic Orchestra
Dirigent: Okko Kamu

1 Erster Satz – Allegro moderato
2 Zweiter Satz – Canzonetta, andante
3 Dritter Satz – Finale, allegro vivacissimo

Ernest Chausson
Poème für Violine und Orchester, op. 25

1 Poème op. 25
Aufgenommen in der Walthamstow Assembly Hall, 1985
Produzent: Andrew Keener
Toningenieur: Mike Clements
EMI Records Ltd., 1986
CD 7 47623 3

»Dies ist die prägnanteste Aufnahme des Violinkonzerts von Tschaikowsky, die ich in den letzten zehn Jahren oder gar mehr gehört habe. Hätte Kennedy nicht bereits vor ein paar Jahren mit dem Konzert von Elgar den ›Gramophone Award‹ gewonnen, würde er ihn wohl jetzt bekommen. Wie einfühlsam und sorgfältig jede Passage dieses ungeheuer beliebten Werks gestaltet ist, ist unverkennbar. Doch spürt man gleichzeitig sehr viel Spontaneität. In dieser Hinsicht klingt es, als wäre es ein Mitschnitt von einem Konzert.«

(Music Week)

William T. Walton
Konzert für Violine und Orchester und
Konzert für Bratsche und Orchester

Royal Philharmonic Orchestra
Dirigent: André Previn

Konzert für Bratsche und Orchester
1 Andante comodo
2 Vivo, con molto preciso
3 Allegro moderato

Konzert für Violine und Orchester
4 Andante tranquillo
5 Presto capriccioso alla Napolitana – Trio (canzonetta) – Tempo 1
6 Vivace

Aufgenommen im Studio 1, Abbey Road, London, 1987
Produzent: Andrew Keener
Toningenieur: Mark Vigars
EMI Records Ltd., 1987
CD 7 49628 2

»Ich wäre höchst erstaunt, wenn die neue Interpretation der ersten beiden [Konzerte] von Nigel Kennedy mit dem Royal Philharmonic Orchestra unter André Previn auf lange Sicht nicht zum Klassiker würde... Dieser junge Musiker ist innerhalb kurzer Zeit zu einem nationalen Trumpf geworden; seine Interpretation von Elgars Violinkonzert mit dem London Philharmonic Orchestra unter Vernon Handley (ebenfalls bei EMI), mit der er 1985 einen Preis gewonnen hat, ist zu Recht bekannt geworden. Jetzt kommt hier das Album von Walton, und es hat große Aussichten auf Wiederholung jenes bemerkenswerten Erfolges, und berechtigten Anspruch darauf dazu.«

(Sunday Times)

Felix Mendelssohn und Max Bruch
Violinkonzerte

English Chamber Orchestra
Dirigent: Jeffrey Tate

Bruch: Violinkonzert Nr. 1 in g-Moll, op. 26
1 Vorspiel (Allegro moderato)
2 Adagio
3 Finale (Allegro energico)

4 Schubert: Rondo in A-Dur (D. 438) für Violine und Streicher

Mendelssohn: Violinkonzert in e-Moll, op. 64
5 Allegro molto appassionato
6 Andante
7 Allegretto non troppo – Allegro molto vivace

Aufgenommen im Studio 1, Abbey Road, London, 1987
Produzent: Andrew Keener
Toningenieur: Mark Vigars
Silberne Schallplatte der BPI
Goldene Schallplatte der BPI
EMI Records Ltd., 1988
CD 7 49663 2

»Kennedy hat zwischen die beiden Violinkonzerte von Bruch und
Mendelssohn geschickt das Rondo von Schubert eingeschoben. Dabei ist
ein gehaltvolles Ergebnis zustande gekommen, das in jeder Hinsicht
wärmstens empfohlen werden kann: seiner außergewöhnlich kraftvollen
und positiven Darbietung wegen, die wirkungsvoll aufgenommen ist.
[...] Was die beiden Hauptwerke betrifft, kann sich Kennedy mit allen
anderen messen. Er spielt das Konzert von Mendelssohn von Anfang an
positiv, männlich.
[...] Bruch spielt er, vom Orchester auch hier kraftvoll unterstützt, ebenfalls
positiv, dazu warmherzig, immer im Einklang mit dem Werk. Kennedys
Aufnahme kann sich mit den von mir genannten Interpretationen durchaus
messen. Seine männliche Kraft geht einher mit einer sehr ausdrucksvollen,
aber gänzlich unsentimentalen Auffassung von Bruchs überschwenglicher
Lyrik, so zum Beispiel im mittleren, langsamen Satz. Offensichtlich fühlt
sich Kennedy im Studio inzwischen ganz zu Hause.«

(Gramophone)

Jean Sibelius
Violinkonzert und Symphonie Nr. 5

City of Birmingham Symphony Orchestra
Dirigent: Simon Rattle

Konzert für Violine und Orchester in d-Moll, op. 47
1 Allegro moderato
2 Adagio di molto
3 Allegro, ma non tanto

Symphonie Nr. 5 in Es-Dur, op. 82*
4 Tempo molto moderato – Allegro moderato
5 Andante mosso, quasi allegretto
6 Allegro molto – Un pochettino largamente

Aufgenommen im Arts Centre, University of Warwick, 1987
Produzent: Andrew Keener (* und David R. Murray)
Toningenieur: Michael Sheady
EMI Records Ltd., 1988
CD 7 49717 2

»[Ein] Werk, das auf Schallplatte, zusammen mit anderen Stücken, zumeist eher dazu dient, mit Virtuosität zu glänzen, als um ein Werk von Sibelius zu präsentieren.
Unter Rattles straffer, kraftvoller Orchesterführung, zu der sich Kennedys ausdrucksvolles und gefühlvolles Spiel gesellt, zwar extrovertiert, aber konzentriert, ist eine rundherum zufriedenstellende Interpretation zustande gekommen. Sie gipfelt in einem spektakulären, fulminanten Finale.«

(Guardian)

Antonio Vivaldi
Die vier Jahreszeiten (Le quattro stagioni),
op. 8, 1–4

English Chamber Orchestra (unter der Leitung von Nigel Kennedy)

Konzert Nr. 1 in E-Dur »La primavera«
1 Allegro
2 Largo
3 Allegro

Konzert Nr. 2 in g-Moll »L'estate«
4 Allegro non molto
5 Adagio
6 Presto

Konzert Nr. 3 in F-Dur »L'autunno«
7 Allegro
8 Adagio molto
9 Allegro

Konzert Nr. 4 in f-Moll »L'inverno«
10 Allegro non molto
11 Largo
12 Allegro

Aufgenommen in der Kirche St. John-at-Hackney, London, 1986 und 1989
Produzent: Andrew Keener
Toningenieure: Mike Clements und Mike Hatch
Nr. 1 der Bestenliste klassischer Aufnahmen
Silberne Schallplatte der BPI
Goldene Schallplatte der BPI
Zweifache goldene Schallplatte der BPI
Platin-Schallplatte der BPI
Zweifache Platin-Schallplatte der BPI
EMI Record Ltd., 1989
CD 7 49557 2 LP 7 49557 1 MC 7 49557 4 LD 99 1214 1

»Er setzt in der Tat alles auf eine Karte, die ganze Zeit über, in einer insgesamt schnellen Reihe von Vorträgen, die voller Angriffslust sind, sprühend vor neuen Einfällen, und die die Spinnweben sogar noch aus den bekanntesten Ecken der *Vier Jahreszeiten* wegblasen.«

(Guardian)

Auch als Video erhältlich: Gewinner der »Goldenen Rose von Montreux«

Vivaldi Four Seasons
Nigel Kennedy und das English Chamber Orchestra
Aufgenommen in den Westway Studios, London, 1990
Regie: Geoff Wonfor
Produzenten: Andrea Wonfor und Chips Chipperfield
Redaktion: Andy Matthews
A Picture Music International Release
EMI Revords Ltd., 1990
MV 99 1214 3

Johannes Brahms
Konzert für Violine in D-Dur, op. 77

London Philharmonic Orchestra
Dirigent: Klaus Tennstedt

1 Allegro non troppo
2 Adagio
3 Allegro giocoso, ma non troppo vivace

Aufgenommen im Studio 1, Abbey Road, London, 1990
Produzent und Herausgeber: Andrew Keener
Toningenieur: Mike Clements (Floating Earth)
Silberne Schallplatte der BPI
Goldene Schallplatte der BPI
EMI Records Ltd., 1991
CD 7 54187 2 LP 7 54187 1 MC 7 54187 4 LD 99 1291 1

»Als ich diese übersteigerte Interpretation mit meinen früheren Lieblingsaufnahmen von Grumiaux, Perlman und Menuhin unter Furtwängler sowie einer hervorragenden neuen Konkurrenz auf ASV [Academy Sound And Vision] vom Chinesen Xue-Wei verglich, konnte sich Kennedy zu meinem Erstaunen durchaus behaupten. Übersteigert mag die Darbietung zwar sein, aber sie hat Herz und persönliche Note. Sie beweist nicht nur höchste Konzentration über weite Strecken (dank hervorragender Abstimmung mit Klaus Tennstedts meisterhafter Begleitung mit dem London Symphony Orchestra), sondern auch echte Spontaneität in der Phrasierung und in der rhythmischen Pointierung, so daß man immer wieder unwillkürlich aufhorcht und auf bisher unbekannte Details achtet.«

(Guardian)

Auch als Video erhältlich:
Brahms Violin Concerto

London Philharmonic Orchestra
Dirigent: Klaus Tennstedt
Aufgenommen in den Westway Studios, London, 1991
Regie: Geoff Wonfor
Produzent: Chips Chipperfield
Redaktion: Andy Matthew
A Picture Music International Release
EMI Records Ltd., 1991
MV 99 1291 3

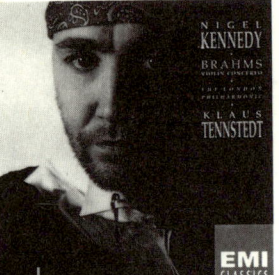